生活沒有那麼複雜，
很多時候只是戲太多
牧原 著
U0067817

前言

# 停止心頭的小劇場

人們常常在心頭上演許多小劇場，將所有的喜怒哀樂、悲歡離合全都徹徹底底演了一遭，等到劇終時，才覺得精疲力竭。

那是屬於自己的小劇場，而正是這些心頭小劇場，讓我們覺得疲累，碰到困難，就覺得世界跟你過不去。遇到挫折，便覺得人生變灰暗。多數的人會因為生活中的大小事，而被牽著情緒走。

總說事情不盡人意，其實，不過是自己在自尋煩惱。當你淡然的看著所發生的事，所經歷的一切，所遇到的挫折，會發現那些所謂的痛苦，往往是自己給自己的。

好比朋友突然不給你電話，便覺得他是不是不想理你了？一直不看你傳給他的訊息，便覺得他是不是把你封鎖了？他是不是不想厭煩你了？你是不是無意之間惹他生氣了？你們多年的友情，就要化為烏有了嗎？

又比如和別人的車擦撞了，便想：完了！對方下車的時候，會不會拿著棒球棍找我算帳？傷了對方的車，他會不會獅子大開口，提出一個你所無法接受的賠償天價？

這些事情，都讓你感到焦慮難耐，然後心中的小劇場就開始了，而事情真的照著你的劇本下去走嗎？

種種的思緒，開始百轉千迴，你的腦海將無數的可能性，演了一遍又一遍，開始不安、煩躁，甚至感到心靈疲累。而這一切，都是你自己給自己的戲碼。

生活，從來沒有那麼複雜，複雜的只是我們的意識心。

如果靜下心來，用淡然的眼睛看世界，就像透過玻璃窗，看著外面的傾盆大雨，或是艷陽高照，你不用擔心會因為暴雨而寒冷，或是豔陽而難耐，用一雙淡然的眼睛，看著發生在周遭發生的大大小小事情，那會讓你更加舒暢。

朋友未看訊息，原來是他的手機關機；跟你擦撞的對方客氣有禮，還問你是否受到驚嚇？他人的劇本跟你的並不一樣。

你會發現，痛苦原來是來自於自我的恐慌與不安，唯有停止心中的小劇場，不要再將它加戲碼，才能抽離煩惱的根源。

那些發生的事，就像吹過的風，你只能淡然的看著它過去，如果你的心跟著風跑，最亂的只是自己。

淡然處之吧！最後，你會發現很多事情，是我們將它看得太重，如能不過度在意的話，心靈會感到輕鬆許多。像是升遷、考試，盡力就好，得失心不要太重，自然感到輕鬆。

就算有些事情不是你所能控制的，處在事情的風暴當中，你依然可以優雅、從容，不必為了它們，而亂了自己的腳步。

《生活沒有那麼複雜，很多時候只是戲太多》一書結合一些富有哲理的精彩故事，融入作者的人生感悟，向讀者傳遞寧靜、博愛、平等、知足等精神內涵，幫助在漫漫人生征途中迷惘的我們更加清醒，幫助我們在痛苦與煩惱中掙扎的我們能夠解脫。

生活，其實可以很單純，只要不為它添加太多戲碼，便可以感到寧靜、放鬆。用淡然的態度，面對所發生的一切，會發現生活也可以過得很輕盈、寫意，而你則可以成為一個自由自在、快樂的人。

# 目錄

## 第二章——人生從沒有絕對的好與壞，只有我執、我捨

## 第三章——萬事隨緣，花開花落終有時

## 第四章 笑看風雨，一蓑煙雨任平生

## 第五章——順勢而為，行看流水坐看雲



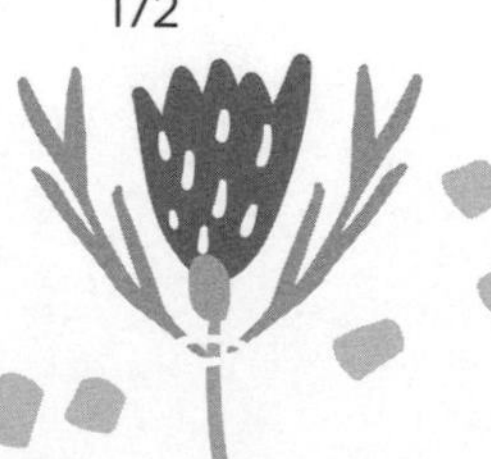

## 第六章——抛卻憂慮，切莫庸人自擾之

## 第七章
## 祛除浮躁，打造淡定內心

## 第八章——放棄計較，寬容待人

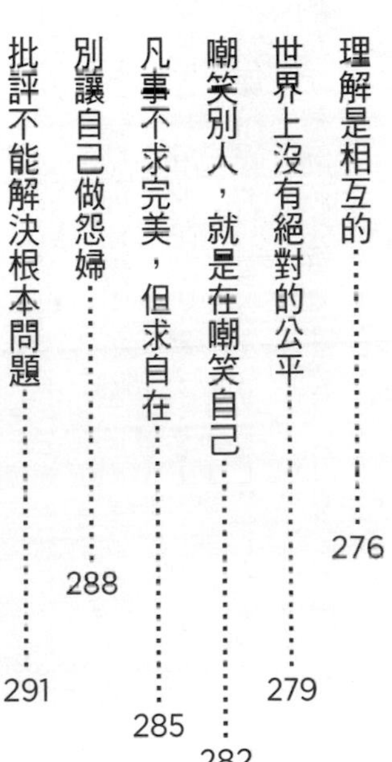


## 第九章——遠離痛苦，心無旁騖即是淨土

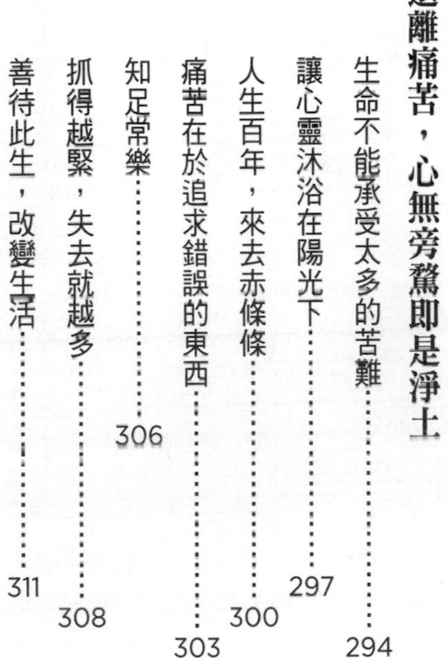

## 第十章——擺脫糾結，簡單才快樂

第一章

# 別戲太多，看清看淡多少煩惱就遠離多少

人生在世，快樂才是最重要的。相信一切都是最好的安排，隨遇而安淡然面對，人們才容易獲得快樂。追求本身沒有錯，但我們應該按照內心的想法去過自己想過的生活，才能體會到過程中帶給我們的快樂。凡事不必苛求，一切隨心，做不了第一，就做快樂的第二；做不了經理，就當快樂的下屬；做不了青松，就做快樂的小草，每天面對著太陽，誰說這不是一種美麗呢？

# 順從內心，愜意無比

要活出真實的自己，我們一定要成為自身的主人，學會自我解脫，仔細聆聽內心的聲音，遵從內心去生活。

前幾天在社群上看到一則有趣的禪宗故事，深可體會到唯有懂得放下，才有快樂適意的生活。

有一天，一個相貌不凡的年輕人去見禪宗慧能大師，慧能一看見他就知道他是有緣人，於是問道：「你從哪兒來呢？」

這位青年很恭敬地說道：「從不遠的地方來！」

慧能心想：「年紀輕輕就有如此的心性，真是難得！」於是接著問他：「你的生命在哪裡？」

年輕人回答：「生命為何物？我早已不記得了！」

慧能欣喜十分，便召喚少年進來，說道：「你來拜見我是為何事？」

青年說：「世間處處都是垃圾，無我的容身之地，請您收我為徒！」慧能為了考驗他出家的決心，便笑著說道：「千萬不要出家！」

年輕人堅定地說：「我一定要出家！」

而這位青年便是著名的南陽慧忠禪師。慧忠禪師在河南的深山苦修了四十年，與世間隔絕，在沒有任何煩惱與欲念的情況下，終於修道成功。

有位僧人曾經問他：「人生如此痛苦，如何才能更為自在呢？」

南陽慧忠禪師笑笑道：「放下煩惱，忘記痛苦，遵從內心的意念。拋棄雜念，可以讓你看到清明世界。無欲無求，依本心而活，才能體會到真正的自在和快樂。」

芸芸眾生，每個人都有本心本性，那是「自家寶藏」，也就是說，本心本性是我們終生受用不盡的財富，只有順其自然，遵從內心，依內心的意願去行事，才能活出愜意的人生。

然而，在現實中，我們每個人常沉溺於不斷追逐外在的事物，而忽視了內心的真實意念，迷失了本性，因此感到煩惱和痛苦！試想，一個人如果醉心於功利，貪得無厭，必然會斤斤計較，患得患失，勾心鬥角，費盡心思，也很容易被「名韁利鎖」所束縛住，還談什麼生命的本源呢？

人的本心承載了生命真實的意義，寄予了人生太多的快樂與幸福，如果能夠把握，一定會遠離痛苦，遠離煩惱的。人的貪欲心理會讓我們在不知不覺間迷失自己，在無法喚醒心底那份純真和善良的同時越陷越深，當我們面對這種情況時，最好的辦法就是放下心中各種雜念。

活得簡單一些，盡情享受當下的生活，才能使幸福持續的更長久。

# 洗滌心靈的塵埃，才能找回活力的自己

看到剛剛出生的嬰兒如此純淨可愛，讓人忍不住心生愛憐之情。然而，隨著時間的增長，小孩變得越來越不可愛了，是什麼改變了我們？

其實，生活之中，貪婪、自私、懶惰、忌妒、怨恨、欺騙等的惡習時刻潛伏在我們的周圍，像細微的塵土一樣無孔不入，悄無聲息地落在我們心靈。多數人無法注意也無法及時清掃，結果就越積越厚，直到有一天完全占滿了我們的內心，心智被蒙蔽了，善良也被遮蔽了，純真亦不復見。

一位著名的作家，每天都覺得日子過得異常煩惱和痛苦，總靜不下心來創作。於是，他向智者求教。

作家問道：「為什麼自己在成功之後感受不到絲毫的快樂，越來越覺得痛苦和疲憊呢？」

智者問道：「你每天都在忙些什麼呢？」

作家答道：「我每天從早到晚都在忙著開新書發表會，忙著應酬，到處演講，還接受各種媒體的採訪……這些事情令我心情煩躁，寫作已經完全成為我生活中的一種沉重的負擔，我覺得自己好辛苦，心也感到非常疲累！」

智者轉身打開身後的衣櫃，對作家說：「在這一生中，我收藏了許多漂亮的衣物，你試著將它們穿在身上，你就會明白了！」

作家疑惑地說道：「我身上穿著合身的衣服，為何要穿這些不合適的呀！而且我若將這些衣物都穿在身上，一定會異常沉重，會十足難受吧？」

智者回答：「你看！你自己就明白其中的道理，為何還要來問我呢？」

作家感到莫名其妙，隨口又問：「您所說的話，我有點不明白，您能說得更明確一些嗎？」

智者接著說道：「你身上的衣服已經很合身了，倘若讓你穿上這些不合身的衣服，你就會感到無比沉重。你只是一個作家，為何要去做一個演講家和交際家，這不是自討苦吃嗎？」

作家頓悟：「原來每個人只有做自己應該做的事情，不為塵世的欲望所纏繞，才能獲得輕鬆和快樂啊！」

從此之後，作家毅然辭去了不必要的職務，推掉不必要的應酬，潛心開始寫作，最終達到人生創作的高峰，並且不再感到絲毫的疲憊和煩躁，生活也變得輕鬆許多了。

由此可見，身外之物強求不得！身外之事強做不得！否則你將自己找罪受，自己找苦吃，怨不得別人！

每個人都有自己的追求和欲望，從辯證的角度看，有欲望、有追求並非是壞事，因為欲望和追求可以激發人的潛能，能夠推動我們不停向前行。但是，欲望亦可以毀人，我們一定要掌握好理智與欲望之間的平衡關係，而不要讓欲望成為我們內心的負擔，不要讓我們的內心沾染上過多的塵埃。要知道，在很多時候你所追求的東西並不一定是自己真正能夠得到的東西，也不一定是自己心靈深處所真正需要的東西，如果自己盲目追求，必然會被其所累。

要明白，落葉之輕，塵埃之微，剛落下來的時候不覺得，但是積存久了，清理起來就很困難。在生命的過程中，我們也許無法避開飄浮的微塵，但是千萬不要忘記去拂拭，只有這樣，我們的心靈才會如生命之初那麼清澈、明淨。

# 做自己想做的事情

很多人之所以活得痛苦，是因為太在意他人的看法，而失去自我。

當我們把「別人的目光」作為終極目標時，就會陷入物欲設下的圈套，如同安徒生童話裡的紅舞鞋，漂亮、妖豔而且充滿誘惑，一旦穿上，便只能不分晴雨、不分晝夜的一直跳一直跳，再也無法脫下，最終只好央求劊子手幫助她擺脫紅鞋。

看完虛榮且驚悚的童話後，想與大家分享我很喜歡的一位女演員——蘇菲亞・羅蘭的一段故事。

高齡八十六歲的義大利國寶級女星蘇菲亞・羅蘭（Sophia Loren），一生共拍過六十多部影片，演技可謂爐火純青，但是觀眾對她的評價卻褒貶不一。

蘇菲亞・羅蘭在很小的時候就懷著演員夢，於是單槍匹馬到羅馬。一開始，她的從影之路很不順利。因為她個子太高、臀部太寬、鼻子太長、嘴太大、下巴太小，根本不像一般的電影演員，更不像大家印象中的義大利演員。雖然製片商卡洛看中了她，帶她去試鏡許多次，但是攝影師們都抱怨無法把她拍得美豔動人。

於是蘇菲亞・羅蘭被告知如果真想在演員這行走下去，就得把鼻子和臀部「動一動」。然而，自有主見的蘇菲亞・羅蘭斷然拒絕了這樣的要求。她說：「我為什麼非要長得和別人一樣呢？我知道，鼻子是臉龐的中心，它賦予臉龐性格，我就喜歡我的鼻子和臉的原狀。至於我的臀部，那是我的一部分，我只想保持我現在的樣子。」她堅信要想登上演藝高峰，絕不是靠外貌，而是要憑藉自己內在的氣質和精湛的演技。

蘇菲亞・羅蘭沒有因為別人質疑的目光而停下自己奮鬥的腳步。最終她成功了，那些有關她「鼻子長、嘴巴大、臀部寬」等的議論都不攻自破，這些特徵反倒成了美女的標準。蘇菲亞・羅蘭在二十世紀末，被評為這個世紀「最美麗的女性」之一。

蘇菲亞・羅蘭在她的自傳裡寫道：「自從我從影開始，我就出於自然的本能，知道自己該化什麼樣的妝，搭什麼樣的髮型和衣服，我誰也不去模仿，從不像奴隸似的跟隨流行。」

好好呵護那個真實的自己吧！做回自己，做自己想做的事情，才能讓自己活得更愜意。

日本一位年輕的臨終關懷醫師大津秀一，在多年的行醫經驗上，親耳聽聞並且目睹過上萬例患者的臨終遺囑，他說：「大多數人一生最遺憾的事情，就是『沒有做自己』，比如沒能做自己想做的事情，沒有去想去的地方旅行，沒有過自己想過的生活等等。」

其實，真實而精彩的人生，是不會給自己留下遺憾的，他們不會因為任何人的任何話而改變「自我意願」和「自我初衷」。

如果一個人單單為了取悅他人而一味滿足他人的價值觀，那只會離真實的自己越來越遠，永遠過不了自己想過的生活。

永遠不要因為他人的一句讚美或標準而否定自己的樣子，對自己做出改變。每個人的喜好不盡相同，將自己置於他人的標準和目光中，對於短暫的人生而言，是一件極為痛苦的事情。只有全面而真實地活出自我，才不會盲目和迷失，才不會被他人的目光淹沒。

# 保持良好心態，收穫快樂與幸福

一個人心靈的自主權是不能夠受到任何人的影響和支配的，一旦你要別人順從你的價值或信念，或者順從別人的觀念，你便削弱了這些價值與信念在你生活中的力量。為此，我們一定要努力掌控自己的心靈，認清自己，明白自己是誰，自己內心需要的是什麼，切勿盲目跟隨潮流走，也無須顧及別人的流言，這樣才能活出真正的自己，感受到生命的真色彩。

做自己的主人，依靠自己的力量幫助自己，不用摻雜別人的任何意念或要求，做忠於心的事情，隨時隨地跟隨自己的內心，那麼你就會感到無比的快樂。

佛陀在傳教的過程中，曾經過一個沒落的村莊，村莊裡突然跑過來一群惡棍，他們說話很不客氣，甚至還口出穢言。

如果是旁人聽了，一定會發怒，然後也互相叫罵起來。佛陀卻只是呆呆在站在那裡並且仔細地、靜靜地聆聽著，然後對他們說道：「非常感謝你們過來找我，我正在趕路，下一個村落的人可能還在等我，我現在必須趕過去。等明天回來的時候，我會有非常充足的時間，到時候你們有什麼話想說，可以再一起來找我，可以嗎？」

那群惡棍簡直不敢相信，還有人這樣跟他們心平氣和地說話，於是，其中一人就問道：「你是怎麼回事，難道你沒有聽到我們剛才說的話嗎？我們罵你罵得那麼難聽，為什麼你沒有任何反應呢？」

佛陀心平氣和地對他們說道：「你想讓我有所反應的話，你們的話說得有點晚了。如果你在十年前這樣說我，我可能會有所反應。然而，今天，我的內心已不會受任何人的控制了，我的心靈已經不再是別人的奴隸了，我是我自己的主人。我是依據自己的真實內心在做事，而不會隨便跟隨別人去做反應。」

心靈是我們所有行為與意念的根源，你的悲傷、憤怒和仇恨以及所有的念頭只會給自己和別人帶來痛苦；相反地，一顆慈善的心所發出的言語、行為、意念皆會給自己帶來福氣。在面對別人的謾罵時，佛陀絲毫不為外界所困擾，按其內心的寧靜去處世。所以他的世界必然是一片安寧的。

每個人在面對塵世的紛擾時，都有責任對自己說道：「這對我是真實的，因為它對我有用。」這種自我暗示是相當重要的，因為沒有一個人的生活與我是完全相同的，我的內心是異常平靜的，我的思想是極其獨特的，而且我應該接受它。當然，在這裡我主要是想告訴大家，要活出真正的我，並學會看到真正的別人。從不平等中學習保持一顆平常心，讓我們慢慢接受這個過程，並且透過它一起成長！

心是幸福與快樂的根源。幸福和快樂是一種心境，當思想快樂，那麼你就是一個快樂的人；當思想不快樂，那麼你就永遠也快樂不起來。

自己不幸福不快樂，又常把它拿出來示人時，只會令愛你的人也和你一樣痛苦。巴爾札克也說：「忌妒者所受的痛苦比任何人遭受的痛苦都大，他自己的不幸和別人的幸福都令他痛苦萬分。」所以，在我們的生活中，還是要讓自己多一些稱讚，少一些指責；多一些寬容，少一些刻薄；多一些幫助，少一些刁難吧！

# 莫為「目標」苦煞頭

生命的真實意義在於「過程」，而不在「結果」，學著享受過程，精彩每一天吧！

人生的終極意義在於過程，過程才是生命最絢麗的部分，我們切不可為過多的「目標」牽著走，否則你就忽視了生命最精采的部分。

然而，在現實生活的我們卻被一個個「目標」逼迫著不斷向前趕路，升學、升職、加薪、……，心靈變得疲憊不堪，生活也極為緊張。在做一件事情的時候，還會想著有一大堆事情等著自己。於是，煩惱與憂慮便接踵而來。

每個人最終都要從這個世界逝去的，對於逝去的人來說，名利、財富、浮華等，這些被人們稱為「目的」的東西隨著死亡將不復存在，都會化為虛無。哲學家也如是說：「目的皆是虛無。」人生只有一個最實在的過程，只有重視切切實實的過程，生命才能變得更厚重，我們也不至於被漫無目的的痛苦所束縛和折磨。

有一對父子，他們每年都會把自家的糧食和蔬菜用牛車運到附近的城鎮去販賣。兒子是個性子很急躁的人，父親的性格比較和緩，總認為凡事不必太著急，慢慢來完全可以享受過程的快樂。

這一天清晨，父子倆又一次趕著舊牛車到鎮上賣糧食和蔬菜。兒子很著急，不停用棍子鞭打拉車的牛，想走快一些，儘快趕到鎮上把東西賣掉。而父親則在路上不停這樣說：「放輕鬆點，兒子。」兒子卻絲毫聽不進去，堅持要走快一些，想在天黑之前賣掉東西回家。

眼看快到中午，父子倆來到一間小屋前，父親跟屋內的人很熟悉，想進去打招呼。然而，兒子卻等不及，他不停催促父親趕路。父親堅持要與好久不見的友人聊一會兒，兒子很生氣，但父親卻與友人聊得很開心。

再一次上路了，父子倆走到一個岔路口。兒子想，應該走左邊抄近路，然而父親卻說：「右邊的路有很漂亮的風景，邊走邊欣賞風景不是一件愜意的事情嗎？」

最終，兒子拗不過父親，走上右邊的道路，但是兒子對路邊綠油油的牧草地、漂亮的野花和清澈的河流視而不見。父親則是充滿喜悅欣賞風景。

最終，他們沒能在傍晚前趕到集市，只好在一個非常漂亮的大花園裡過夜。父親睡在路邊很愜意，不久便鼾聲四起，但兒子焦慮萬分，對明天是否能趕到市集感到擔心與焦慮。

第二天一大早，父親又突然跑去幫助一位農民，協助他拉出陷入溝中的牛車。兒子十分生氣，他認為父親對路邊的風景比賺錢更有興趣，但是父親仍說：「放鬆一些吧，這樣你才可以活得比較快樂。」

到下午的時候，他們經過一座山，俯視著山下城鎮中的美景，許久之後，兩個人都一言不發。最終，兒子將手搭在父親的肩上說道：「爸，我終於明白您的意思，體會到生命的真正意義了。」

生活中，很多時候，我們與上述事例的兒子一樣，不斷在人生的道路上為了一個個「目標」奔跑，不斷奔著下一個目標奮進，於是，我們的生活被忙碌和疲憊所占滿，心中和眼中僅僅只剩下目標，當我們猛然回頭時，卻發現生命沿途美妙的風景已經被我們白白浪費了。

生命的意義在於過程，而不在結果，所以，我們根本不需要刻意去追尋，順其自然，安然從容地走路，以恬淡與閒適的心境，以及不為壓力所動的氣度來面對生命的每一天。這樣才能活得愜意，體會到生命的真滋味。

# 憂愁穿腦過，夢在心中留

漫漫人生路，挫折、坎坷都是難免的，痛苦和歡樂也是同在，煩惱與幸福也是共存的。我們對自己苛求太多，一旦遭受挫折或失敗，遭受的痛苦就越大，也就是心理學所說的智能越高，對苦悶的體驗就越敏感。為此，在生活中，我們一定要理性認清自己，面對現實，量力而行，隨心生活，隨性努力，不要「過度努力」，這樣才能更深刻地體會到生活與成功的真實意義。

麗莎到外地參加一個重要的會議，在一個沒有電梯的會場大樓中，從一樓到五樓間上下了六、七次，幾次來回以後，頓時覺得腳腿發麻，而且渾身無力。和她一同參加會議的一位年邁老太太卻大氣不喘、容光煥發，最重要的是，看起來很是輕鬆。

麗莎與那位老人閒聊之後，得知對方已經有八十歲高齡了，是這次會議的特邀嘉賓。如此年長還有這麼健康的身子骨與精氣神，令人佩服不已。麗莎在佩服之餘，就開始向對方請教養生祕訣，老人說：「我的祕訣就是『憂愁穿腦過，夢在心中留』，對任何事情都不會過分苛求。」

老人表示，在生活中，她與人無爭，與己有求，但是卻不會過分苛求。因為她根本不想做名人，只想平平淡淡做一個有所為有所不為的文學愛好者。在她三十多歲的時候，明白自己一生所要的不過是清清淡淡的一碗飯以後，就主動放下許多事情。讓每天的生活不放空，但也不要過分勞累，早上起來跑跑步，白天讀讀書，晚上有空的時候就寫寫字，內心不煩躁，無憂愁，白天吃得好，晚上睡得香，從來不會為任何事情擔憂。

正是這種看似極為平淡的心境，反而使她靜下心來，寫出更好的作品，最後成為眾人崇拜的著名作家。

如此一位豁達、樂觀的老人，雖然與己有求，但是又不刻意苛求的人，能夠不長壽嗎？能不成功嗎？無論年輕也好，年老也好，每個人心中都該有一個明亮心靈的夢想。

在這個世界上，能夠穩穩站在塔尖上的畢竟是少數的人，只要努力依據自己的能力，堅守自己的夢想，抱著順其自然的心態去追求，就無愧於心了，就要把一切看淡，這樣才能夠感受到生命的快樂與幸福，才能活得愜意，有意義！

# 你的美好與獨特，不需要比較和證明

在現實的生活中，許多人都習慣用比較的眼光來看待事情，比較自己擁有的多與少、事物的好與壞等等。當我們凡事都與他人比較的時候，是無法對自己所擁有的東西感到滿足的。

陽光明媚的春天，一個旅行團到著名的花城去旅遊，在賞花的過程中，大家看到一大片玫瑰花盛開著，有位旅客情不自禁地讚歎道：「真美啊！看到這麼美麗的花真是太興奮了！」而坐在一旁的一位旅客說道：「這有什麼，這玫瑰花哪有對面那個花園的牡丹花漂亮啊！」此話一出，車上遊客的心中就不免失落了，整個園中的玫瑰花完全失去了色彩。

玫瑰有玫瑰的香，牡丹有牡丹的美，兩者是不可比擬的，你只需要以欣賞的心

境去享受滿心的快樂和滿足就好。否則，所有的美感都會消失，我們也錯失了當下的美景，不是嗎？

與其做比較，不如換一種想法：「這個很好，那個也不錯。」用積極的心態去欣賞當下的美麗，享受自己所擁有的快樂，那麼，你的心情將是快樂的。

在現實中，無可否認，人與人之間，在能力、環境、際遇方面都存在著差異。很多時候，這種差異不僅十分懸殊，還難以改變，這就需要我們接受和容納自己，而不是以己之短比他人之長。

比較最容易產生自卑，你越與他人比較，越會感到自慚形穢，心會漸漸失去應有的活力，所有的事情都會變得杯弓蛇影，即便有嘗試的機會也只會裹足不前，你所有的士氣、勇氣和志氣皆化為烏有。

可是，現實社會中，人們的標準是不同的，也不是一成不變的，我們不需要每天按照別人的標準和尺度去活著，沒必要去羨慕和忌妒他人，對自己的一切耿耿於懷。

奧修是印度有名的思想大師，他說過一句經典的話：「玫瑰就是玫瑰，蓮花就是蓮花，只要去欣賞，無須去比較。」別人的優異與出色，固然可以成為我們的借鑒，但是聰明的人絕對不會讓自己的心每時每刻都充滿了比較。一旦陷入盲目比較的誤區，無法用新鮮、開放的眼光去看待事物。同時，也會抹殺了你身上獨特的個性，破壞了事物原本的美麗與芬芳。

我們應該學會說：「我就是這樣，現實就是如此，那麼怎麼樣？」無須去比較，只要堅守內心的一份安寧與淡然，正確地認識自己，認識自己的不足，隨心隨性地做一切自己想做的事情，不與任何人比較，就能夠保持一份做人的本真，做真正與眾不同的自己。

第二章

# 人生從沒有絕對的好與壞，只有我執、我捨

境由心生，境隨心轉，快樂源於內心，你的態度決定了你的境遇。萬念緣由心生，心浮則氣躁，心靜則氣平。如果我們能夠淡然對待一切，一切自然就會變得風輕雲淡。只要你看開了，誰的頭頂都有一片藍天；只要看淡了，誰的心中都有一片花海。想透了，你的心就寬了，做到了，你就坦然了，開朗了。

# 境由心造，快樂源於內心

境由心造是指外界的一切境況，皆是我們內心的投射。如果我們能夠帶著好的心態去為人處世，就能得到好的結果，那麼，你就是幸運的；相反地，如果你的心是邪惡的，那麼你看到的及做出的事情都是邪惡的，那必然會給自己招來禍患。

很多時候，人與人之間並沒有很大的區別，只是因為各自看待或對待事物的態度不同，而造成截然不同的結局罷了。

有一位婦人在美國紐約的一條街市上賣蔬果，因為她做人厚道，不管面對怎樣刁難的顧客，都能和顏悅色對待。另外，她的菜也十分新鮮，所以生意總是特別好。與她相鄰攤位的小商販對比很不滿意。他們在掃地的時候，總會刻意將垃圾掃到她的店門口。但是，這位婦人卻沒有計較，都會把垃圾清掃得乾乾淨淨。

後來，有一位好心人忍不住問她：「你的鄰居把垃圾掃到你家大門前，為什麼你一點也不生氣呢？」婦人笑著回答道：「有人說垃圾象徵財富，垃圾越多，代表來年賺得錢越多。所以，我不會埋怨他們。」

面對同樣的垃圾，不同的心態，帶來的結果不相同。那些故意在婦人店門前扔垃圾的人，是以邪惡憎恨的心態去面對，但是婦人卻將那些垃圾以正向的角度去解讀，不因此感到嫌惡。

國學應用大師翟鴻燊這樣說道：「當一個人心態好的時候，他的思考就是正面的，他的行為也是精進的，他的表達也是正面的。」電影《少林足球》裡原本阿梅做得饅頭很甜的，但在阿梅失戀後，甜在心饅頭也因為失戀的淚水而變得又苦又鹹。電影的劇情可能誇張了點，但我相信對待食材的用心度不同時，料理呈現的味道一定不同。由此可見，一個人的心態對自身情緒控制的重要性。

當你了解這些之後，我們一定要調整好心態，回首一下自己以往走過的路，你就會發現，當初那些讓人覺得天大的困難，如今也只不過是生命道路上的一個絆腳石而已；當初那些讓人感到窒息的斥責，現在看起來極為可笑；過去那些令自己萬分痛苦的事情，現在也只不過是茶餘飯後閒聊的一個話題罷了，所有一切都如同過往雲煙的消逝，所有的一切僅僅是生命過程一個小插曲罷了，只要端正自己的心態，那些不愉快都將隨風而逝。

# 得失常在，開心就好

人生在世，得失常在，有得必有失，這是我們共知的道理。人無完人，事無完美，得失常有，但開心卻是難求。生活中的很多事情無論是「花開」還是「花謝」都自有它的道理，如果為了「常在的失去」而影響自己的心情，那就得不償失了。

鄰居老爺爺十分喜愛蘭花，他的臥室放了一盆養了幾十年的蘭花。有一天，他有事外出一段時間，經過再三考慮，就將蘭花託付給隔壁鄰居照看。

鄰居接受了這個任務以後，也很細心照顧。鄰居一直害怕蘭花有什麼閃失，結果還是因為缺乏養花知識，把蘭花給「養」死了。鄰居對老爺爺心存愧疚，打算等老爺爺回來後再好好向他賠罪。

老爺爺回到家中聽了他的訴說之後，沒有生氣，只是笑著說：「我種蘭花，是希望能夠陶冶情操，美化家中的環境，並不是要讓自己不開心，我不會為了這件事和誰生氣。」

世界上很多事情，本來就不是我們個人所能左右的，我們不得不獨自去面對許多不可控制的事件，如果我們一直抱怨，那麼我們又如何能快樂生活呢！做人要學會調整自己，因為在這世界上，得失是隨時存在的，而快樂的心境卻只有自己能夠給予。

有得必有失，有失必有得，你失去了權位和利益，卻能夠換得平靜和快樂的生活。在追求的過程中，只要自己努力過了，就不必再為失去而痛苦和煩惱了！

# 心有多大，眼界就有多廣

有一句話說得好：「心有多大，眼界就有多廣，思想有多遠，我們就能走多遠。」意思是說，那些真正有擔當，能成大事的人，都是心胸寬廣，敢於捨棄的人；而那些不懂得適時放下的人，都是心胸狹窄，愛斤斤計較的人，這樣的人是不容易有大成就，成大事的。

美國的一所著名大學，一位哲學家曾讓他的學生做過這樣的實驗：他拿出一張白紙舉在同學的面前，並請同學們集中注意力盯著那張紙，之後詢問同學們，他們看到了什麼？

有的同學會說：「我看到的是一張白紙。」有的同學說：「我什麼也沒看見。」有的同學卻說：「我看不到盡頭。」

最後，這位哲學家對最後回答問題的同學投以讚揚的目光，並說：「我比較欣賞這位同學的眼光，因為他的目光不只是盯在一張紙，他能超越出事物的本身，想到未來。這樣的人，眼界往往比較高遠，也容易使人生更為輝煌。」

心有多大，他看到的世界就有多廣。心胸狹窄的人，看到的只是眼前的小利益，凡事都愛斤斤計較，易將自己置於煩惱與痛苦之中；相反地，那些心胸寬闊的人，眼前呈現的是一個廣大的世界，不會去計較眼前的小事，心態自然平和許多，煩惱和痛苦也少很多。

在現實生活中，很多人總會抱怨施展個人才華的舞臺不夠大，其實，世界與舞臺的大小源自我們的內心。內心有多大，你的眼界就有多高，你周圍的世界就有多大。要想成就夢想，只有不斷擴大自己的心靈空間，捨棄過多的計較，才能獲得最大的成功，做出更大的成就。

如果你能夠認識到這些，然後再回首自己走過的道路，就會發現，當初那些讓我們都覺得很困難的事，在現在看來也只不過是一些雞毛蒜皮的小事而已；當初那些讓人感到快要窒息的斥責，現在看來也顯得微不足道，一切的一切不都成為過眼雲煙了嗎？再痛苦，再煩惱，也不過是生命的一個過程罷了。

為此，從現在開始，我們不要再去計較眼前的得失，那樣只會使我們變得狹隘，心小了，如何能裝得下大千世界呢？

# 不要孤單，總會有人陪伴你

很多時候，我們因為被拒絕而感到痛苦難忍，這是因為我們狹隘地認為全世界都拋棄了自己，其實，只要你願意敞開心扉，你就會發現，你從來不是一個人。

有一位精神病人，總認為自己是樹林中的一株「野蘑菇」，於是，他每天都會撐著一把傘蹲在房間的某個牆角，不吃也不喝，就像真的「蘑菇」一樣。如何治療這樣的疾病，心理醫生很是苦惱。後來，他終於想到了一個辦法。

這一天，心理醫生也跟病人一樣撐了一把傘，蹲在病人的旁邊。病人覺得很奇怪，就問道：「你是誰啊？」醫生回答：「我也是一株『蘑菇』啊！」

精神病人看著他，就真的把對方當成一株蘑菇。

過了一會兒，醫生站了起來，他在房間裡走來走去。病人問他說：「你不是『蘑菇』嗎，怎麼可以隨便走動呢？」這時候，醫生卻回答：「誰說『蘑菇』不可以隨便走動了！」病人覺得很有道理，就站起來走動了。

又過了一會兒，醫生拿出一個漢堡開始吃。病人又問道：「你不是『蘑菇』嗎？怎麼可以吃東西呢？」醫生理直氣壯地回答：「誰說『蘑菇』不能吃東西啊！」病人覺得很對，於是也開始吃東西。

如此，心理醫生就讓這位病人像正常人一樣生活了。雖然這個病人仍舊覺得自己是一株「蘑菇」。

生活中，如果你感到過於悲傷或痛苦得難以自持的時候，你可能不需要周圍的人太多的勸解和安慰，其內心所需要的，也許僅僅是要一個人的陪伴。

為此，在任何時候，我們都不要將自己的心靈封閉起來，千萬不要一個人承受太多。在任何時候，只要你肯睜開眼睛，你從來都不是一個人。

# 擁有慈悲，造福人生

我們每個人都具有善良的一面，對人慈悲就是善待生命，正是因為有了這些美德，我們的人生之路才會越走越寬闊。

有一個貧苦的小男孩為了攢足學費而挨家挨戶去推銷商品，可是一天下來，他幾乎沒有賣出任何產品。

饑寒交迫的他摸遍了全身，僅僅只剩一角錢。最後，他只能挨家挨戶地哀求能有人施捨他一口飯吃。然而，很多人都將他拒之門外。

正在他絕望的時候，一位美麗的小女孩打開房門，小男孩這次沒有要飯吃，而是乞求對方能夠給一口水喝。這位小女孩看到他饑餓的模樣，就遞給他一杯牛奶。男孩慢慢將牛奶喝完。男孩問道：「我應該付多少錢？」善良的小女孩微笑回答道：「一分錢都不用付。我媽媽經常教導我說，施以愛心，應該不圖回報。」

小男孩說：「請你接受我衷心的感謝吧！」說完，就向小女孩鞠了一個躬。

數年之後，當年那個小女孩得了一種罕見的疾病，當地的醫生對此束手無策，最終被轉到大城市醫治，巧合的是，這位主治醫師竟然是當年的那個小男孩。當他聽到病人來自那個城鎮時，一個奇怪的念頭瞬間閃過他的腦袋。他馬上起身直奔女孩的病房。身穿手術服的他來到病房之後，一眼就認出當年的恩人。他下定決心一定要治好這位女孩的病。從那天開始，他很用心的照護這位當年對自己有恩的病人。

經過努力，手術順利成功了。當年的男孩要求把醫療費通知單先送到他那裡，並在通知單上簽了字。之後當醫療費通知單送到女孩的病房時，她根本不敢看。因為她確信自己必須花一輩子來償還這筆醫療費。她翻開醫療費通知單，旁邊的一段文字引起她的注意，她不禁念了出來：「醫療費已付：當年的一杯牛奶。」喜悅的淚水溢出她的眼眶，她感謝上蒼給予她愛的回報。

生活中，我們一定要培養自己的慈悲之心。有慈悲之心的人，才能擁有豁達的心胸，真誠與他人相處，善待家人、朋友和他人。與這樣的人交往，如沐春風裡。

慈悲是一種美麗，擁有慈悲之心的人生活也是美麗的。為此，我們一定要提醒自己，修煉一顆慈悲之心，造福自己的人生。

# 若不是心寬似海，哪有人生風平浪靜

自輕自賤的人，早晚會被自己給擊倒；而心往寬處想的人，這個世界就沒有過不去的坎。

人生常常會有失意，這是難免的。俗話說，人生不如意事時常八九。如此，人生豈不是盡是傷心事？事實並非如此！生活中有一句話「好事多磨」，關鍵是我們面對失意時的心態。

相信大家在高中時期都背誦過《念奴嬌》，對於作者蘇東坡也都有所孰悉。

大才子蘇東坡一生命運多舛，身處荒涼瘴癘之地，過著囚徒般的生活。他一生極有才華，卻沒能實現自己的宏圖壯志，但是因為具有寬闊的心胸，仍能泛舟賞遊赤壁，寫下「頌明月之詩，歌窈窕之章」，暢談人生哲學，留下《赤壁賦》這樣的千古名文。

與蘇東坡處境相同的還有科學聖手，張衡。「下筆繡辭，揚手文飛」的張衡，終生仕途暗淡，「所居之官，輒積年不徙」，但他從容淡靜，致思於天文、曆算，最終發明渾天儀，造地動儀，令萬世敬仰。

世界上，比海更寬闊的是天空，比天空更廣大的則是人的心靈。不管生活無論如何磨人，如何將你推向一個狹小的空間，但是人的思維是不受任何限制的，心靈的視野沒有藩籬，來去自如，任你馳騁。

# 塞翁失馬，焉知非福

任何人的一生都不是一帆風順的，難免會遇到挫折與磨難。很多時候，我們之所以痛苦，就在於太過分計較人生得失。其實，人的一生得失是均衡的，有時候，得即是失，失即是得。

一座石山上，有兩塊形狀差不多的石頭。它們共同立在山上，但是四年之後，兩塊石頭的命運卻發生很大的變化。其中一塊石頭脫胎換骨，成為萬人矚目的石像；而另一塊石頭則默默無聞地在路旁。

看到如此反差，那塊受萬人踐踏的石頭，心中很是不滿，就問道：「老兄啊，三年前，咱們還同為一座山上的石頭，為何今天會有如此大的差距呢？」

石像回答：「老兄，你不知道啊。三年前，一位雕刻師來到我們這裡，我們倆都請求他把我們雕刻成藝術品，但是，當他在你身上動了三刀，你就怕痛不讓他動你了。我那時卻只想著自己未來的模樣，所以根本不在乎刻在身上一刀刀的痛苦，堅強地忍耐下來了。我忍受了千刀萬剮之苦最終才被雕刻成現在的樣子。而你無法忍受雕刻之苦，人們也只會拿你當墊腳石了。」

同樣的兩塊石頭，一塊願意承受苦難，忍受了痛苦，看似失去，最終卻提升了價值；而另一塊石頭，不願意承受苦難，看似得到，實則是失去，成為一事無成的石頭。

同樣地，在人生的道路上，要獲得發展，做出一些成績來，必然是要經歷一些磨難的，除非你一生就想一事無求，碌碌無為。為此，我們也要對自己的人生有個理性的認識，學會保持一份平和的心態，坦然面對人生的痛苦，坦然面對生活與未來，這樣憂慮就會遠離你。

另外，你一定要明白「禍兮福之所倚，福兮禍之所伏」的道理，你所期望的幸運之中可能暗藏玄機，你所遭受的逆境中也可能存在幸運，你無須過分為未來的不幸和挫折所擔憂，也許你所擔心的災難之中蘊藏著意想不到的幸運。總之，只要你能以一顆淡然的心態，去面對眼前的一切，那麼你的收穫才會多於損失，幸福才會大於煩惱，人生才能擁有真正的快樂。

# 放下包袱，讓心靈輕鬆前行

漫漫人生之途，時刻都在取與捨之間選擇。

如果你總想著得到，永遠迴避失去，你將無法得到快樂。只有懂得放棄的真意，才能真正地理解「失之東隅，收之桑榆」的道理。

懂得了放棄的真意，靜觀萬物，就能夠體會到一種與世界一樣博大的境界，我們自然會懂得適時有所放棄，這正是我們內心獲得平靜的源泉，也是我們獲得快樂的好方法。

在生活中，多數人都有這樣的體會：擁有的東西越多，自己越不快樂。可是，有一天，我們忽然驚覺：我們的憂鬱、無聊、困惑、無奈，都和我們的欲望有關，我們之所以不快樂，是我們渴望擁有的東西太多，太執著了，不知不覺，我們已經執迷於某些事物，為心靈裝載了沉重的包袱。

一位剛剛畢業的大學生，千里迢迢從山上要到海邊去。在途中，他駕一葉輕舟揚帆出海，他劈惡浪、戰狂風，歷盡了苦難，經過長途跋涉，還是沒能達到自己的目的地。

有一天，他靠岸休息的時候，遇到一位智者，他說道：「智者，我是那樣堅毅地朝目標前進，長期跋涉的辛苦和疲憊難不住我，各種考驗也沒有嚇倒我。我的鞋子破了；手也受傷了，流血不止；嗓子因為長久呼喊而沙啞……我已疲憊到了極點，為什麼還到不了我心中的目的地呢？」

智者聽完後問他：「你從什麼地方來？」

年輕人回答：「我從兩千里外的高山過來。」

智者看了他的船後問：「你背上揹的行囊裝的是什麼？」

年輕人說道：「它們對我可重要了。最左邊裝的是生活必需的用品；右邊裝的是我每一次跌倒的痛苦，每一次受傷的哭泣，每一次孤寂的煩惱；箱子的最上面裝的是我過去得到的所有的證書、獎盃等榮譽；箱子的下面裝的是無價之寶，它們對我來說非常的重要，在沿途獲得的珍寶不僅價值連城，而且還很有收藏價值，靠著它們，我才能來到這兒。」

智者聽完以後，微笑問他：「箱子大概有多重呢？」

年輕人回答：「一路上把我壓得喘不過氣來，但是它們對我來說都是極重要的東西。」

智者笑著說：「你的力氣實在太大了。你從那麼遠，背著如此沉重的行囊怎麼能快速到達目地的呢？只有適時放下，才能快速到達目的地啊！」

年輕人這才頓悟。於是他扔下右邊的箱子，這時他頓時感到心裡像扔掉一塊石頭一般輕鬆。趕了一段路，他又想到：「過去的榮譽、名利都是過眼雲煙。再說，以前的輝煌也並不能夠證明以後啊！」於是，他又扔掉了上面的箱子，又感覺身上輕快多了。他就繼續趕路。隨後他想：智者的至理名言不就是最好的無價之寶嗎？最終，他又把千辛萬苦得到的無價之寶全部丟棄。這時候，他發覺自己身上輕鬆很多，頓時豁然開朗！

其實，生命就是一次長途的旅行，只有勇敢捨棄那些無價值的、多餘的東西，才能讓自己獲得無比的輕鬆和快樂。生活中，你是否也背著那些有形或者無形的「包袱」呢？你過去的失敗，你犯過的錯誤，你說過的錯話，那些讓你憤恨的人，是不是還背在身上？

如果你感到異常勞累，心靈煩躁，那就趕快放下身上那些多餘的包袱，丟棄那些多餘的負擔，丟掉那些過往的痛苦、煩惱或者創傷，放下任何你認為所有「不值得」背負的東西。要知道，天使之所以在高空中飛翔，是因為她有雙輕盈的翅膀。我們也應如此，只有及時整理、清理掉背包中沉重的東西，才能輕裝前行，才能讓自己的生命之旅充滿幸福。

# 莫讓名利鎖住了心門

《紅樓夢》寫道：「世人都曉神仙好，惟有功名忘不了！古今將相在何方，荒塚一堆草沒了。」世上的名利都是過眼雲煙，無須將生命浪費在這些無謂的事情上面。

劉壯和好朋友一起喝酒聊天。在閒聊期間發現這位朋友始終鬱鬱寡歡，愁緒萬千。劉壯關心他心情不佳的原因。原來，這位朋友近來剛被降了職，從正處長降為副處長。

見朋友如此難過，劉壯勸他說：「這並非壞事。這也意味以後你再也不用應付酒桌，再也不用傷肝損胃了；有了急流勇退讓賢美名，豈不是兩全其美的事情！」

見到好友眉梢稍許舒展後，劉壯進一步說道：「人生在世，做官是一時，做人才是一世。我有一個朋友，他的父親官拜將軍之位，可謂位高權重。退休當天便回到家中吃飯，看著飯桌上面的青菜、蘿蔔和豆腐，由衷的一聲感言『解脫了』。老人家退休後，雖然沒有了昔日的喧囂，卻有了屬於他自己真正喜愛的事物像是寫書法、讀易經。近日得見老人家雖近八十高齡，卻端坐在電腦桌前，只聽鍵盤滴滴答答聲響不斷。你與老人比，有何不能釋然？」

劉壯的話，讓朋友啞然失笑。劉壯繼續說道：「人生真如草木春秋，何苦要身心疲憊一世呢！太陽在任何時候都是東升西落，長江後浪推前浪是必然的規律。現在你都五十出頭的人了，還有『用青春賭明天』的本錢嗎？」

過了很久，朋友才重新開始講話。他一把握住了劉壯的手，激動地說道：「謝謝你。要不是你，我現在還在難受，還不知要學著放棄名利呢！」臨行時，他又要了一瓶「捨得」酒，並天真地說：「這酒名曰『捨得』，看來，我是應該好好品它了！」說完以後，雙方就豪爽地笑起來。

莫讓名利鎖住了心門！名利皆為過眼雲煙，生命的確不該為它所累。生活中，每個人都會遇到殘酷的事情，它會逼迫你交出權力、放走機遇，這種事情既然迴避不了，我們不妨學著接受，放棄名利會讓你輕鬆自在。

# 示弱也是一種大智慧

要使自己的心不為「目標」所累，就應該在適當的時候學會示弱。

當然，我們所說的示弱，不是指在困難面前退縮，也不是在挫折面前表現消沉。它是一種謙遜的人生態度。會示弱的人，會在適當的時候選擇放棄，並沉思下來，找對正確的方向，邁向新的旅程。

在艾爾基爾地區，有一些猴子會經常到山下的農田去禍害莊稼。其實，這些猴子也是為了維持生計才不得已到農田偷莊稼的，牠們也是為了活命，為了能多儲備點糧食。

農民們為了保護莊稼，發明了一種捕捉猴子的方法：將一個細的瓶頸，大口的瓶子容器中放一些玉米進去，這些瓶子的頸剛好夠讓猴子的爪子伸進去，可當猴子手中拿著玉米攥上拳頭就出不來了。

利用這個方法，農民們捕到了很多猴子。每晚他們都將這個瓶子放進村口，第二天早晨起來，就能看到一些緊握拳頭的猴子在那兒與瓶子較勁，但是手不管怎麼掙扎就是出不來。其實，如果這些猴子學著放下手中的玉米，是完全可以逃走的，但是，牠們因為不肯鬆手放棄玉米，最終只有被捕了。

生活中，很多人在追求夢想的道路上會過分執著，不懂示弱，最終只能落得可悲的下場。我們可能會譏笑猴子的愚蠢，但是現實生活中的人類何嘗不是如此？只要得到了，就緊抓不放，最終讓自己承受煎熬和痛苦。

失戀、誤解、做錯事情受到他人的指責……多數人遇到這樣的不幸或挫折，心中總是解不開，放不下，往往會感到心累，無精打采，不堪重負。如果我們能夠及時放下，纏繞在我們內心的繩索不就自動解開了嗎？只有學著放下，才能讓我們輕裝前行，才能夠「拿」起更多。

現實生活中，人們經常以「毫不示弱」來標榜自己。殊不知，顯示強大不一定真的強大，「毫不示弱」反而會使自己的「短處」暴露無遺。卑微、弱小蘊藏著巨大的力量，「勇於示弱」也是一種人生智慧。

# 一生得失終歸塵土

世界上所有的事情，總是有失也有得。愛情能夠給人幸福和快樂，也能讓人品嘗到痛苦和哀傷；名利可以給你享受，但是它也能帶來苦惱；成功使你快樂，但是在成功過程中也會遇到各種挫折，讓你無法忍受。

生活中，如果你期待一種東西，得到了，就能獲得快樂；相反地，當你失去的時候，也會感到悲傷，得到幾分快樂，就會承受幾分痛苦。

有人獲得了財富，卻可能會因此失去健康和感情；有人在事業的成就減少三分，卻在健康、家庭幸福方面得到三分。有些東西看似不公平，但是如果仔細想想，其實所有的得失都是公平的。

生活中，多數人都認為有錢是快樂的，這是錯誤的。有時一個人用幾百元能得到的快樂，等他有錢以後，可能要花費幾萬元，甚至幾十萬才能得到同等的快樂；你的錢越多，那些錢的價值就會變小；當你肚子餓的時候，一個饅頭對你來說都是美味，但當你吃了十個饅頭，就會覺得食不知味了。總之，我們不需要去強求任何一件事，它們只會讓我們降低生命的價值。

有一隻狐狸，看到高高的庭牆上有一株葡萄樹，枝上掛滿了誘人的葡萄。狐狸垂涎三尺，想爬上去飽餐一頓。於是，牠開始四處尋找入口，終於發現一個小洞，可是洞口太小了，狐狸的身體根本無法進去。

於是，牠就在圍牆外絕食一個星期，把自己餓瘦了，終於勉強從小洞擠了進去，幸運地吃上葡萄。但是，後來，牠發現自己吃得飽飽的身體，無法鑽到牆的外面，很擔心葡萄的主人抓到牠。於是，牠又絕食六天，再次把自己餓瘦了，才從小洞鑽出去。

其實，人生的得失就是如此。所有的經歷，到最終的總數卻是一樣的，終點又回到了起點，起點原來可以回到終點。

可以試想，即便你有了全世界，無非也就是一日三餐，夜寐一床。就算你有多麼豪華的房屋，買回來很多好吃的，到頭來也是睡一張床，吃三頓餐。就算你每次可以點上一百道菜，你又能吃多少呢？最多能撐飽一個胃，難道不是嗎？

生命的意義在於體驗，每個人的財富地位也許有高低優劣之分，但是對快樂和幸福的體會卻沒有高低之別。

生活中，當你順利時，不幸就在一旁看著你；當你快樂時，悲傷就在一旁窺視你；當你痛苦時，隨之而來的便是快樂。到了最終，你就會發現，喜憂參半，每一種痛苦與快樂，每一樣你所得到的和失去的，好的與壞的，最終，都會因生命的結束而歸於塵土。

# 美麗就在不經意間

人生是一次長途旅行，旅途中不可能都是風平浪靜，一帆風順的。當我們處於絕望的狀態或困境之中時，要學會低頭。仔細看一看，你就會發現生活中時時有美好之處，心靈也因此可以得到療癒而重拾快樂。

一位在建築業工作的朋友跟我說，他每天都很辛苦的工作。夏天他汗流浹背工作，冬天他在大雪紛飛中忍受嚴寒，覺得人生很難，但是為了維持一家人的生計，他不得不繼續忍受下去。

有一天，當他拖著疲憊的身軀回到家中，猛然看到家人一如既往地在廚房裡忙乎著為他做飯；幾個孩子在屋裡嬉戲，一看到他回到家中，都興奮地撲了上來……正是在這個時候，他發現自己內心滿滿的溫馨感受，他的內心洋溢著幸福的味道。

生活處處充滿了重壓，我們時常會被壓得喘不過氣來。這個時候，我們一定要學會低頭，這樣你就能夠發現生活中隱藏的別樣美麗。

著名作家幾米在其作品，寫過這樣一段文字：「掉落深井，我開始大聲地疾呼，等待救援……天黑了，我黯然低頭，才猛然發現水裡面滿是閃爍的星光。我終於在最深的絕望中看到了最美麗的驚喜。」詩意盎然的語言道出了耐人尋味的哲理，那就是在生活中最完美的莫過於那個「低頭」的瞬間！

當你的生活處於艱難的狀態之時，只要你低下頭，就可以發現親情的溫暖；當你的事業處於低潮之時，低下頭來，就可以自己收穫樂觀的性格與堅毅的品格。

當周圍的一切都變得不盡如人意時，心中切不可驚慌，也不必失措，低下頭來，可以看到家人耐心的陪伴和朋友殷切的激勵。當有一天你走出困境，收穫努力後的喜悅時，又有誰能說，這不是一份永恆的喜悅？

美麗就在不經意間！生活處處有美麗，凡事無須強求自己，否則，呈現在你周圍的將會是永恆的黑暗！

# 錯過也是一種美麗

人生就是一次不圓滿的旅行，錯過也可以成為生命中一道亮麗的風景。

漫漫人生道路中，珍貴的東西很多，但是我們總會因為這樣或那樣的原因而沒有好好把握，最終只能留下遺憾。在以後的年歲中，我們時常會因此而感到哀傷、難過、悔恨，讓自己的心陷入痛苦之中。

小靜在去上班的路上，突然遇到了大雨。因為沒有帶傘，所以，只好無奈站在站牌下等公車。當時的雨下不停，小靜要搭的公車卻遲遲不來。眼看車站的人一個個上車離去，小靜頓時懊惱自己的粗心。

小翔在雨中開著自己的車子，他開得不是很快，因為他喜歡雨天，喜歡看雨中的一切，這個時候，忽然一個美麗的身影映入眼簾，那就是小靜。雖然個子不高，但是很有氣質，而且雨水淋濕了她前額的頭髮，小翔看著竟不由自主地放慢車速，最終停在車站的旁邊。

一輛輛的公車來了又走，女孩依然在站牌旁等待，也許是她的車還沒來吧，小翔就這樣想。其實，雨中的她顯得十分純情自然，就像一朵剛剛綻放的白玉蘭，純淨得讓人忍不住多看幾眼。

小翔就這麼看著，他不知道自己能否邀她上車，然後送她回家，因為他們畢竟素不相識，即便他邀請了她，她未必會相信他，小翔不斷地在心中猜測著。

雨不停下著，小靜就這麼焦急地等著，小翔就這麼看著。

終於，來了一輛公車，小靜上去了。小翔看到小靜上了公車，看著公車在雨中緩緩行駛，他忽然覺得很失落。是因為她嗎？他們畢竟不認識呀，但為什麼自己會不開心呢？難道自己真的在一瞬間喜歡上了她？小翔嘴角露出了淺淺的一笑，這個女孩確實使他的內心蕩起了一層漣漪。

小翔有些後悔自己沒有停下車來，讓她上自己的車子，這樣或許他現在也不會後悔了。可是這都是假如，小翔又笑了笑，其實錯過了也好，雖然錯過了，但是在自己心中留下了一份美好的回憶，這可是一件美事。更何況，如果邀她上車，如果遭到拒絕，留給自己的也就是一份尷尬了。這樣錯過也許是最好的結局，錯過並不等於失去，更何況自己從來沒有得到過，又何談失去呢？

每個人的一生都會錯過很多東西，錯過之後很多人都會感到遺憾、後悔，殊不知，錯過有錯過的美麗，正是因為當初的錯過，才成就了如今的完美。

生活中總有太多的錯過，幾多憂愁，幾多相思。如果我們沉溺於錯過的遺憾之中，可能會使許多更美好的事物和回憶與我們擦肩而過。而錯過更多。

人們總喜歡把錯過和失去當成是人世間最遺憾的事情，為什麼不把錯過看做人生最美的邂逅呢？憑著自己對未來的憧憬，告誡自己努力前行，在每一個相思的日子裡，在每一個翹首以待的時刻，幸福過著今生的分分秒秒，這樣的錯過也是人生一道美麗的風景。

# 只有無爭，才能無憂

在職場中，人們提及頻率最多的詞彙就是「競爭」。沒有「競爭」就沒有社會的飛速發展，為此，它是一個中性詞。如果為了正當的事情而「爭」，那當然是值得讚揚的。然而，令人感到遺憾的是，生活中多數人都熱衷於另一種「爭」——為名爭，為利爭。結果爭來爭去，除了煩惱增加之外，並沒有得到什麼有意義的東西。

禍患的到來，全是爭的結果。

事實上，想要擺脫「爭」給自己帶來的煩惱，我們就應該學會放棄「爭」。與人無爭，就能親近於人；與名無爭，名就自動到來；與利無爭，利就聚集而來。

瓊和英從小一起長大，是很要好的朋友。瓊長得比較漂亮，也順利考進了一所名校，這讓英很眼紅。私底下，英總會這麼想：「你就等著吧，早晚有一天我會比你強！」

幾年後，瓊和英到了結婚的年紀。瓊的丈夫是一個私人企業的老闆，家產豐厚，因此婚禮非常奢華，一時間被很多人羨慕。英很妒忌並且對未婚夫說：「我也要和瓊一樣，我也要辦那樣的婚禮！她老公買了別墅，我沒有要求你買別墅，但你最起碼也要買一間大房子！」

英的話，讓未婚夫嚇了一大跳。他哭笑不得地說：「老婆大人，你和人家瓊爭這個做什麼？他老公是富翁，我只是個普通公務員，我們怎麼可能達到那樣的規模？」

可是，未婚夫的解釋沒有令英釋懷，她依舊不依不饒，非要和瓊一較高低。不得已，未婚夫只能盡量滿足她的「爭勝欲望」。今天給她買個兩萬元的項鍊，明天給她買個十萬元名牌包，未婚夫的存款漸漸捉襟見肘，可是英依舊沒有放棄，非要一切都和瓊不相上下。

終於，在一次為了買東西而互相爭吵時，未婚夫終於忍無可忍，主動解除了婚約。這一下，英可算傻眼了。可是無論她如何解釋，未婚夫也沒有回頭，離開了她。看著曾經甜蜜的照片，英流著淚痛苦地說：「都是我的不服輸，讓我的未婚夫離我而去，讓我丟失了所有的幸福！」

老子說：「只有無爭，才能無憂。」只有不爭才算是明智之舉。

總是爭強好勝，會讓人對自己的現狀不滿。而長期對自己不滿，便會產生負面情緒，總覺得這個世界對自己不公平，世界欠自己的太多了。這樣一來，你又如何能感受到生活中的幸福呢？

# 丟棄抱怨，忘卻苦惱

在失意的時候，很多人經常會發牢騷，無休止地抱怨。因為失意時，不僅需求得不到滿足，同時還會遇到諸多的麻煩和壓力，自然會造成內心的失衡，也會給自己帶來痛苦，最終導致情緒萎靡。

在生活中，我們心情不好會想吐苦水，開始抱怨，為的是博得別人的同情，但凡事都必須有個限度，反覆抱怨自己的不幸，只會讓人覺得你是個「魯蛇」，最終得到的只是人們茶餘飯後的八卦，以及別人對你的厭煩，這樣的結果只是讓你感到越來越苦。

自從丈夫去世之後，婷英的性格就變得怪異，心中時時充滿憤怒，整天在朋友面前抱怨老天不公平。她內心憎恨孤獨，孀居三年後，她的面容也變得硬邦邦的，幾乎看不到一絲笑容。

有一天，婷英在路上走著，忽然看到一幢她以前非常喜歡的房子周圍豎起了一道新柵欄，那房子雖然很舊了，但是院子裡卻打掃得乾乾淨淨，院子裡種植著各種花草。婷英注意到裡面有一個繫著圍裙，身材瘦小、弓腰駝背的女人正在拔雜草，修剪鮮花。婷英不由得停下來，凝視著柵欄裡的一切，看到弱小的女人正試圖開動一台割草機。

「喂，你家的柵欄，真是太美麗了！」婷英一邊喊著，一邊揮動著手。那個女人也蹣跚著站起身，看著婷英。她微笑著說：「到門廊上坐一會兒吧！」

婷英與女人一同走上後門的臺階，那女人打開拉門，說：「這些年我都是獨自一個人生活，經常會有許多人來我這裡聊天，他們喜歡看到漂亮的花園。有些人看到這個柵欄便會向我招手，幾個像你這樣的人甚至走進來坐在門廊上與我聊天。」

「前面這條路擴寬之後，這裡發生了如此大的變化，難道你不在意嗎？」婷英問道。

「變化是生活的一部分。當不喜歡的事情發生在身上，你總會面臨兩個選擇：要是選擇痛苦憤怒，這樣做的結果只會讓自己越來越痛苦，因為你不停重複自身的痛苦，久而久之，傷痛就成為你生活的一部分了；選擇積極面對，用微笑與努力將痛苦掩埋，它就再也不能影響你了。」

婷英的內心深處感覺到，由憤怒築起來的心靈圍牆已經轟然倒塌了。

是的，苦水只會越吐越多，你每重複一次抱怨，內心就會痛苦一次，久而久之，你的內心就會變得抑鬱，痛苦也會成為你生活中的一部分，成為你的一種習慣。當我們遭遇不幸的事情時，一定要及時敞開心扉，讓陽光驅散內心的烏雲，那麼，你內心才會獲得無限的喜悅。

第三章

# 萬事隨緣，花開花落終有時

人生在世，凡事不可能一帆風順，也不可能事事都如意，我們總是被無盡的煩惱和憂愁所纏繞，還有諸多的誘惑在考驗著你的定力？ 那麼，我們該如何面對呢？ 想讓自己活得快樂一點，就要順其自然，一切隨緣。

# 幸福就在身邊

每個人都渴望幸福，渴望擁有幸福的生活。一位哲人說：「我們之所以不幸福，是因為感受不到幸福。」生活中，很多人總會拿自己的幸福與他人比較。當看到別人的幸福時，我們總會忍不住哀嘆自己的痛苦；在驚豔別人的美麗時，總是感傷自己的平凡；渴望別人的快樂卻又總會粉碎自己的快樂。其實，幸福和快樂都很簡單，它就在我們身邊，隨時隨地跟隨著我們。

一隻小狗只要閒下來的時候，就會不停繞著自己的尾巴轉圈，直到把自己累得筋疲力盡，躺在地上喘氣。

主人問牠說：「天天繞著自己的尾巴轉圈，到底是為什麼呢？」

小狗氣喘吁吁地說道：「有人告訴我，只要我能夠追到自己的尾巴，就可以獲得永久的快樂，所以我才會不停追著自己的尾巴轉呀！」

主人歎了一口氣說：「我年輕的時候，也聽別人說過同樣的話。所以，當初也像你一樣傻，為了追求想像中的幸福把自己搞得疲憊不堪，精疲力竭，最終也沒能感受到任何的快樂和幸福。後來我主動放棄了。當我隨性生活的時候，才發現幸福和快樂原來就是這麼自然簡單的事！」

其實，幸福和快樂都是簡單的事情，無須我們刻意追求，它不在「尾巴」上，而在我們心裡。

真正的幸福和快樂不帶有任何的名利和世俗的想法，隨性而為，隨緣而為，隨心而為，都能獲得真正的幸福。生活中，我們不必把幸福想得太複雜，當自己跳出思維的框架時，就能讓自己獲得簡單的快樂。

# 放手比挽留更有意義

緣分既是個難以掌握的東西，那我們不如一切隨緣，切莫強求，否則，只會給自己帶來無盡的痛苦。

生命是一門愛的功課，可是念書學習的階段沒有一堂課教我們。好聚難散的故事比我們想像的多。

麗和鋒在一起已經六年了，麗一直認為他們可以相愛到天長地久。可是，就在她為他們的感情而憧憬幸福時，鋒卻向她提出了分手。一時間，麗頓時覺得她的天塌了，她徹底崩潰。她跑到鋒的公司質問他分手的原因，鋒只是簡單說不愛了，說他們彼此在一起太累了。

麗很傷心，每天以淚洗面，她還是不願相信兩個人的感情就這樣沒了。於是，經常打電話給鋒，訴說她對他的思念之情，鋒不堪其擾，但是麗依然不放棄。

後來，鋒很快開始了一段新的感情，並沒有把麗的悲傷放在心上，麗很是傷心，到鋒的公司大吵大鬧，最終鋒因為受不了麗的糾纏，一氣之下將麗殺害了，也因此毀滅了自己的人生。

在愛情的世界裡，不是每一朵花都能如期開放，也並非每一朵花都能結出果實，對於感情來說，當你愛一個人而得不到回報的時候，在你付出千般努力也無法得到一個承諾的時候，千萬不要再繼續與自己較勁了。要懂得，這可能是你們的緣分已盡，要學會放手，給彼此自由。否則，帶給你的只有無盡的痛苦和煩惱。

上述故事中，因為麗不懂得「一切隨緣」的道理，最終將自己推向痛苦的邊緣，也給別人帶來了傷害，這是可悲的，也是十分遺憾的。所以，在生活中，當愛成為彼此的一種束縛時，一定要學會放手，給彼此充分的自由，這樣才能在對方面前保持起碼的自尊，才能讓愛成為生命中一種永恆的美麗。

給對方自由，也是給你自己一份快樂與自由。要知道，人世間很多悲劇的發生，多來自於過分執著而給彼此帶來痛苦和傷害。所以，我們還是順其自然吧！相信你們的緣分已盡，退一步海闊天空，學會放手，學會給對方自由！給他愛你的自由，也給他不愛的自由，這樣，才是愛情的美好所在，不是嗎？

# 淡泊名利，寧靜致遠

只有把名利看淡，才能獲得驚人的成就。一個計較名利得失的人，是不會有所成就的。古往今來，我們可以發現那些有所成就的學問家、科學家，多是不計較名利，專心致志，而將全部的心血和才華都投入自己喜愛的事業之中。

居里夫人是偉大的科學家，她在科學的成就無人能及，但她總是保有一顆淡泊名利的心境。

某天，一位朋友到她家中做客，看到居里夫人的小女兒正在玩英國皇家學會頒發給她的一枚金質獎章，朋友大驚道：「英國皇家學會的獎章怎麼能給孩子玩呢？這可是至高的榮譽呀！」居里夫人笑了笑說道：「我只是想讓孩子們從小就知道，不要把榮譽看得太重，絕不能永遠守著榮耀過生活，否則一輩子終將一事無成。」

不僅如此，居里夫人還毅然辭掉許多榮譽稱號。正是她始終在榮譽面前保持淡然的心態，才使得她能夠獲得諾貝爾獎的最高殊榮。

看淡名利的人，才更容易全身心投入工作，做出更高的成就。淡泊是一種修養，是一個人精神上的一個至高境界，真正淡泊的人，心態平和，視名利如糞土，能夠堂堂正正做人，踏踏實實做事，最終才能夠獲得精神上的享受。

生活中，可能會有人說，我又不是仕途中人，無所謂淡泊不淡泊名利。其實不然，任何一個普通人都會涉及此類的問題。比如說退休、降職、讓賢等等。對曾經攀登事業高峰的人而言，再也沒有什麼比在絢爛中突然隱退更讓人傷心和難過的了，這個時候，我們一定要學會淡泊，把名利看得輕一些。要知道，你其實並沒有失去什麼，換來的只有輕鬆和快樂罷了。

# 緣來緣去也安然

任何人的一生都不可能一帆風順，難免會被紛紛擾擾的瑣事所困擾。同時，還有諸多的誘惑和試煉，讓我們時常感到身心不安，這時候，與其強求，不如順其自然，隨緣而定。

生活中的得失，一切在於一個「緣」字，它讓人捉摸不定，與其強求，不如隨緣。

高山上有一座寺院，一位和尚經常到山下的河邊挑水。

他的水桶有點漏水，滴滴答答，一路都在漏水。過路的人看到此情境，就提醒他說：「你這麼辛苦地挑了一桶水，可是水桶卻是漏的，等你走到山上的寺院，恐怕水差不多漏光了吧！為何不換個新水桶呢？」

這位小和尚笑著說道：「沒有浪費力氣呀，你回頭看一看，這水桶所漏出來的水不都澆了這一路的花草嗎？你瞧，它們長得多好啊！」

一切隨緣，這是一個想獲得快樂和幸福的人應該有的心態。學會以坦然、樂觀的心態去看待世事的發展，才能贏得內心的平靜，贏得令他人羨慕的「快樂人生」。

很多時候，緣分讓人難以掌控。緣分如線，能將相隔千山萬水的陌生人牽連在一起，讓他們在偶然間相識相知；緣分如水，來去自由，在潤物無聲中浸透著最美麗的邂逅，將彼此的心靈浸潤，給人帶來意想不到的機緣。

很多時候，緣分都是令人捉摸不定的東西。緣來了，誰也擋不住，你只能坦然接受；緣散了，誰也不能強留，我們只能在順其自然中尋找到一份難得的淡然和恬靜……

緣分也是個奇妙的東西，根本無法解釋，因為無法解釋，所以充滿了無限的玄機，給人以無限的遐想。很多事情，好似上天安排好了似的，在坎坷人生的驛站該遇到哪些人，該遇到哪些事，彷彿在冥冥之中已經有了定數。正所謂萬事隨緣而來，隨緣而去，不必苛求和挽留，人生在世，萬事隨緣皆好。緣來，無須狂喜；緣去，則不必悲泣，一切都是定數。

對於不成熟者，緣來的時候不懂得好好把握，等到緣散的時候才不斷抱怨和後悔，徒留一份痛苦和遺憾；對於成熟者而言，他們從不會把緣分當作是生命的一種負擔，他不在乎緣分的得失，帶著一份輕鬆和坦然，在擁有的時候無限珍惜，失去也淡然一笑，該珍惜的時候已經珍惜了，要放手的時候就該放手，看淡了，自然就不會耿耿於懷。

一切隨緣，是一種胸懷，也是一份成熟。有緣無分，或者有分無緣，都只不過是生命中一段不圓滿的缺憾而已，它不應該成為我們漫漫人生旅途的困惑和羈絆。

# 恬淡閒適，靜享生命

隨著現代生活節奏的快速，很多人都處於忙亂的生活狀態之中。白天忙了一天，晚上終於回到家放鬆，可是內心卻總是陷入一種莫名的不安。為何不安，也找不出合適的理由。這主要是因為我們的內心總是在苛求自己，以至於形成了一生的習慣。

每天忙碌著，置身於一件件做不完的瑣事與各種雜念之中，每天都在不停地忙碌，絲毫體驗不到生活的樂趣。

我們的內心就像被上了發條一樣繃得緊緊的，生怕一停下來就被社會所淘汰。要知道，生活的真諦在於追求幸福和快樂，痲木與緊張並不是該有的生活常態。長時間處於這樣的生活狀態之中，我們的生命會變得痲木，感受不到任何的色彩。為此，我們一定要拋開一切，放開心中緊繃的弦，讓自己清閒下來，這樣，你才能夠重新找到生活的意義和樂趣。

你可以推開一切，什麼也不做，找個清閒的地方坐一坐。在剛開始的時候，你一定會覺得心慌意亂，會覺得自己一停下來，所有的一切會出問題。這個時候，你要將這些雜念從你的頭腦中趕走，深呼吸，保持內心的平靜，慢慢地，就會發現，你整個人會輕鬆很多。一會兒，你就能夠體會到這一段時間竟然是如此的愜意，感受到生命原來是如此美好。接下來，如果再去工作，就不會那麼手忙腳亂，就會從容淡定地去處理各種事務，內心也不會有太多的緊迫感。只要將這種狀態堅持下去，並且養成習慣，你的生活狀態將會得到極大的改善，可以從那種緊張的情緒中解脫出來，使你的思路清晰，靈魂得到淨化，生命品質也會得到改善和提升。

# 像蘑菇一樣成長

蘑菇生長在陰暗的角落，得不到陽光，很是低調，但從沒停止成長的腳步。當它長到足夠高度的時候，就開始被人關注，此時它已經能夠享受陽光了。其實，蘑菇的成長過程，就是一個順其自然的過程。它不苛求自己快點長大，不沮喪於當下的生活。作為年輕人，我們要想取得進步，也需要慢慢一步步地積累，切不可「揠苗助長」。

剛從重點大學畢業的小寧，在一家大型國企上班，主要負責財務管理方面的工作。他的工作輕鬆，每天只是做做財務報表。

然而，小寧對這份工作並沒有表現出熱情。他認為自己畢業於重點大學，滿腹才華，做這個工作太委屈自己了。於是，他每天不停抱怨，抱怨主管不識才，抱怨自己的懷才不遇。

有一天，小寧終於無法忍耐了，就去請教當年的老師。當他說出自己的鬱悶之後，老師笑著問他：「小寧，你看我怎麼樣呢？」

小寧一愣說道：「老師，你當然很厲害，這無庸置疑呀！」

老師說：「其實，我剛剛到這所學校時，也是一個助教而已。知道助教是做什麼的嗎？那只不過是調解學生間的矛盾，也只是個打雜的，像教學之類的事情，根本輪不到我。」

小寧驚訝說道：「可是，可是……」

老師揮了揮手，打斷他的疑問：「後來，助教的工作，我一連做了三年。三年後，廣告專業的藝術設計沒有老師，我就頂上去。在這個崗位上，我又做了三年。最後，我才升為如今的系主任。小寧，一切不可苛求，只要順其自然即可，擺正自己的心態，你最終總會成功的！」

老師的話，讓小寧思索了很久。從此之後，他不再抱怨工作簡單，而是認真、耐心地去學習，向他人請教。半年之後，因為他表現突出，成為公司的主管！

無論你是學校中的高才生或末等生，如果不懂得順其自然的道理，那麼不管你有多大的抱負，有多大的能力，最後只會以失敗告終。

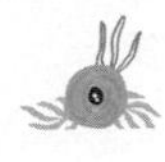



如果你剛從學校畢業，對於初出茅廬的你，走進社會的第一步就是學會抹去身上的稜角，別因為過去的輝煌而自認不凡。事實上，無論你原來在學校多麼優秀，在走進社會後，都只能也必須從最簡單的事情做起。先做一株默默長大的蘑菇，等到一定的時日，等你也可以吸收到陽光雨露時，你才可能發現自己的價值。

# 以坦然的心態迎接福禍

每個人的一生都免不了要經歷「福」和「禍」，這些都不是人生的終點，只是人生的轉捩點。然而，從古至今，許多人都迷失在「福」與「禍」的糾葛之中。

一個真正有智慧的人，絕不會因為「得」而狂喜，也不會因為「失」而沮喪。正所謂「不以物喜，不以己悲」，范仲淹的這句話，是做人的大智慧。如果你能真正做到這一點，人生路上就很容易收穫甜美的果實。

西晉有一位著名的將領叫石苞，深受當時的皇帝司馬炎的寵愛，可謂「一人之下，萬人之上」。然而，他完全不因此而輕狂，以一顆平常心面對這一切。那個時候，天下還未統一，吳國經常來擾，因此司馬炎便派他帶兵鎮守邊防。

石苞儘管深受人們的愛戴，但是在官場之中，很多人想蓄意害他。一位名叫王琛的官員就利用民間歌謠，影射石苞背叛了晉朝，意圖謀反。還有一位法師說出：「東南方會有大將造反。」當時的石苞就在東南方位，為此，晉武帝開始懷疑石苞的忠誠。

當時，荊州官員剛好送來吳國準備派大軍進犯的報告，於是石苞開始修築防禦工事，準備抗敵。石苞的這個行為，讓司馬炎認為是造反的苗頭。於是，司馬炎召見石苞的兒子石喬。石喬也是當朝的官員，然而他卻沒有面見皇上。頓時，司馬炎大怒，便祕密派兵準備討伐石苞。

石苞對於一切都不知道，依舊準備應付吳國的進攻。當大兵殺近時，他還全然不知，不過他想：自己一向對朝廷忠心耿耿，皇上怎麼會派兵征討呢？這其中一定有誤會。

於是，他採納了部下的意見，立即放下武器，打開城門，沒有任何的反抗和反駁，隻身來到都亭住下來，等候皇上的處理。大難臨頭之時，還能有這樣的勇氣和冷靜並非凡人能做到。

石苞的行為，讓皇帝立即清醒過來。他想：指控石苞反叛的事情本來就沒有真憑實據，更何況石苞如果真要反叛朝廷，他修築好防禦的工事，大兵到來他早就反抗了，怎麼會隻身出城，坦然接受處罰呢？皇帝並不糊塗，經過仔細揣測，晉武帝完全打消了對石苞的懷疑。

在危機面前，石苞泰然處之的心態，讓人佩服至極，也洗刷了他的冤屈。臨危不懼，坦然面對危機，是一種大胸懷，它能讓你走出危機，迎接光明。

# 生活或許沒那麼糟

人生的天空時不時會飄過來幾朵烏雲，讓本來美麗、快樂的生活充滿憂傷，甚至痛苦。我們總會錯誤認為，這些糟糕的狀況足可以摧毀自己，殊不知，生活沒有你想像的那麼糟糕。你之所以痛苦，是不知道世界上還有比你更不幸的人。

慈悲的佛陀，為了消除人間的各種疾苦，他將世間自認最為痛苦的一千個人聚集在一起，問他們：「你們感到十分痛苦嗎？」

每個人在人群中都爭先恐後地說自己非常痛苦，希望佛陀能夠消除自己的痛苦。

佛陀說：「好！我知道你們都很痛苦，你們每個人都將自己痛苦的事情寫在紙條上，好讓我明白！」

大家很快都寫好了，佛陀又說：「現在你們拿自己手中的紙條盡可能地與別人交換。」

一千個人在交換別人的痛苦之後，紛紛驚叫並急忙要回自己原來的痛苦。

你的處境遠沒有你想像的那麼糟糕，世界上比你不幸、痛苦的大有人在。所以，我們一定要擺正心態，樂觀看待你的生活。你所遇到的「大災難」，在很多人看來只不過是生活中一片過往的烏雲罷了，走過去，前面就是一片藍天。

很多時候，你的處境遠沒有你所想像的那麼糟糕！生活中，多數人都認為別人比自己過得幸福，殊不知，你看到的僅僅只是表面現象。看到別人開名車，住豪宅，心裡會不平衡，要知道，這是對方付出巨大的艱辛換來的；看他人事業有成，家庭幸福，心裡會羡慕或者忌妒，殊不知，這都是對方努力的結果。

有時人需要停下匆忙的腳步，去欣賞自己擁有的。我們維護好自己的幸福才是關鍵，拿自己的幸福去和別人攀比只會傷了自己，丟了自己所擁有的一切。

# 苛求環境，不如適應環境

與其抱怨，不如用行動去改變，轉換思維，努力讓自己適應環境，這樣才能讓你內心的不滿煙消雲散。

很久之前，在非洲的一個貧窮國家，人們都是赤著腳走路。

一位國王看到人們都光著腳走路，因為地面崎嶇不平，有很多荊棘和碎石頭，把很多人的腳刺得血肉模糊。國王回到王宮之後，就將國內的所有道路都鋪上一層牛皮，這樣才能讓人們免受刺痛的折磨。

然而，國土太遼闊，就算將全國所有的牛殺光，也籌不到足夠的皮革，而其所花費的金錢、動用的人力，更是不計其數。當地的人們儘管知道這件事情很難辦到，而且極為愚蠢，但是誰也不敢說什麼來反抗國王的命令。

後來，一位聰明的大臣大膽地向國王建議：「國王啊，這個方法太不可行了。

你把全國的牛都殺光了，人們用什麼來耕種呢？再說花費那麼多金錢，會使全國人民都陷入水深火熱之中！您如果用兩小片牛皮包住人的腳，不是一切問題都解決了嗎？」國王聽了當下領悟，於是立即收回成命，採納大臣的這個建議。這也是「皮鞋」的由來。

在很多時候，苛求環境是不現實的事，環境是不可改變的，能夠改變的只有自己。如果你對現在的生活環境感到不適應，千萬不要抱怨，要首先改變自己，用愛心和智慧來面對一切，要努力適應環境，而不是讓環境適應你。

苛求環境，其實就是不能面對現實的表現。在追求的過程中，不讓自己的身心太累，遇石就該拐彎，不能硬撞石頭，將自己撞得粉身碎骨。避開了石頭，自然也避開危險，就能到達成功的彼岸了。

# 學會接受和「順從」

隨緣不是得過且過，因循苟且，而是盡人事聽天命。就是說，隨緣並不是一種消極的人生態度和生活狀態，而是一種對生活的理智和清醒。它不是讓人得過且過，混日子，不努力進取，而是盡人事，聽天命。它是一種睿智的生活狀態，要知道，生活中的很多事情並非人為就可以得到，就可以改變的。比如你的容貌，比如機遇，比如感情，等等。既然不能改變，那就學著接受它，不去過分地強求，這樣才能夠保持內心的平靜，才能在沉穩之中看到希望的曙光！

有一天，海燕搭一輛計程車到車站，因為星期天她被上司派到外地出差而滿臉不耐煩。但是一坐進車子裡，就聽到司機在得意揚揚地吹口哨。海燕見司機如此逍遙，就羡慕地問他：「你今天心情不錯嘛！」

司機微笑著說道：「當然是的，我每天都是如此，沒有什麼事情能讓我心情低落啊！」

海燕臉上露出淺淺的一笑，問道：「難道生活中你就沒遇到困難或者令你煩心的事情嗎？」

司機接著說：「不幸的事情和困難經常會有的，但是我悟出一個道理，凡事只要盡力而為，對於人力所不能左右的事情，你即便再急躁或情緒再低落，也無濟於事！再說，暴躁或者低落的情緒對自己一點好處也沒有，多數情況下，只要你盡力了，老天總會幫你，讓事情出現轉機！」

聽司機如此一說，便好奇問道：「你怎麼會有這種看法呢？」

司機緩緩地回答說：「有一天清晨，我照常開車出門，想趕著上班尖峰時間多拉幾個人，多賺點錢，但是情況卻未如預期順利，因為車子沒開出多久就爆胎了。當時天氣極為寒冷，車子停在路邊，我的心情也極為低落。接著，我無奈之下想換輪胎，發現沒帶工具。看到外面刮著大風，購買工具必須得跑很遠的路程！」

司機故意停頓了一下，便接著說：「就在這個時候，有個路過的司機一問我的情況，便馬上從車上跳下來，一言不發地拿著工具上前來幫助我。這位陌生的卡車司機很熟練地就把輪胎換好了。當我向對方表示感謝，想給他一些酬謝時，卻見他輕輕地揮了揮手，立即跳上車子就離開了！」

司機笑著說，因為那個陌生人的幫忙，我一整天的心情都大好，也讓我相信，人不會永遠都倒楣的。在輪胎問題解決後，我的心胸也頓時打開了，而好運似乎就跟著進了門，那天早上乘客一個便接著一個，生意也比平時多出一倍呢！所以，遇到麻煩，我總是對自己說：「不必心煩，一切都會好的。只要你用心做一件事情，生活就不會永遠地停留在不如意之中。」

聽了司機的話，海燕的煩惱馬上拋到九霄雲外。

接受現實是一種智慧的表現，是人生拚搏的另一種境界，它不是消極承受，更不是放棄人生應有的追求，它是無為而有為，是成功者的另一種素養。

為此，在工作和生活中，我們要「隨緣」而不是「攀緣」，凡事切勿強求，在做事之時，要盡力而為，做到問心無愧。在事情過後，我們一定要檢討所失，但也不必為事情的成敗或喜或憂。只有做到這些，才是真正的「隨緣」！

# 在缺憾中收穫圓滿

這個世界本身是一個缺憾的世界，正是有了那樣的缺憾，才呈現出五彩繽紛的色彩。可以說，缺憾本身就是一種完美，為此，生活中我們無須刻意去追求圓滿，這樣才能收穫精彩和圓滿的人生。

從前，有一位國王有七個女兒。在她們很小的時候，國王就將她們看成是自己的掌上明珠。她們每個人都有一頭烏黑美麗的頭髮，為此，國王就送給她們每個人十款一模一樣的髮飾，這十款髮飾是一套，將它們全部戴在頭上，會讓她們變得更美麗、漂亮。

有一天早上，大公主醒來以後，一如既往地用髮飾整理她的秀髮，卻發現自己的髮飾丟失了一個。於是，她開始四處尋找，最終費了很多心思都沒有找到。因為丟失了一個髮飾，她害怕自己沒有其他幾位公主漂亮，於是，就偷偷跑到二公主的房間，拿走了一個髮飾。

等二公主起床以後，也發現自己少了一個髮飾，於是她也跑到三公主的房間拿走了一個髮飾；同樣地，三公主發現自己少了一個髮飾，就偷偷地跑到四公主的房間把一個髮飾拿走；四公主則拿走了五公主的髮飾；五公主一樣也拿走了六公主的髮飾；六公主只好拿走了七公主的一個髮飾。這樣，七公主的十款髮飾就只剩下九個了。

幾天之後，鄰國一位英俊的王子忽然要來拜見國王，在閒聊之中，就對國王說道：「我養的白鶥鳥昨天叼回了一個極為美麗的髮飾。我看了一下，想這一定是宮中哪位公主丟失的。這也是一種奇妙的緣分，也不曉得是哪位公主掉了髮飾！」

國王拿起髮飾仔細看了一下，發現的確是七位公主的。於是，便將七個公主全部叫過來。七位公主聽到要見英俊的王子，就在心中想：那肯定是我掉的。但是她們每個人的頭上都完整別著十枚髮飾，所以內心都很懊惱自己的做法，卻又不能說出來。只有七公主出來說道：「我少了一只髮飾，就是這只。我找遍了整個皇宮，就是沒找到。」

這話剛剛說完，七公主因為少了一個髮飾，漂亮的長頭髮散落了下來。王子看了不由得看呆了，就決定娶七公主，兩人從此過上幸福快樂的日子。

其實，生活中的很多事情都是如此：只有品味到分離的相思之苦，才能夠領略到相聚之後的幸福甜蜜；只有經歷過被出賣的遺憾，才能體會到忠誠的可貴；只有品嘗過失敗的痛苦滋味，才能體會到成功的喜悅；只有遭遇過病魔的折磨，才能體會到健康對一個人的重要。在紛紛擾擾的世間，能夠擁有幸福甜蜜，能夠體會到忠誠，能夠成功，能夠健康地生活，不正是一種圓滿嗎？為此，生活中，我們無須去刻意追求圓滿，因為圓滿本身就是一種缺憾，凡事隨緣就好，只有這樣，才能留住生命中的美麗。有聚有散的愛情才是圓滿的，有苦有甜的人生才是圓滿的，任何事情只要存在或者發生了，就有一定的道理，都有它的圓滿之處。只要你放平心態，以一顆平靜的心去面對缺憾，就能體會到圓滿。

第四章

# 笑看風雨，一蓑煙雨任平生

生命的道路曲曲折折，一路上有鮮花，也有荊棘，無論遇到什麼樣的艱難險阻，我們都不應該退縮逃避，因為挫折也是一種財富。一切磨難都是一種人生成長的常態，都是上蒼賜予我們的最為珍貴的財富，讓我們學會接受，學會樂觀，學會豁達，這樣才能譜寫我們精彩的人生樂章，才能讓我們的人生更為光彩。

# 笑看風雨，淡然人生

人生光陰易逝。為此，一切都不必計較，不必在乎，我們只需要心如止水，笑看人生路上的風風雨雨，才能擁有淡然真切的一生。

有些人不擇手段地爭名奪利，爾虞我詐；有多少人為情為欲，貪歡求愛，叛妻拋子，又有多少人為兒為孫，忙得筋疲力盡，渾身是病。有糧三千擔，也是一日三餐，有錢千萬貫也是黑白一天，住再豪華的別墅也是睡一榻間，所有的榮華富貴終究是過眼雲煙。

一位修行的弟子問禪師說：「世間為何會有如此多的苦惱？」

禪師說道：「只因世間凡人不識自我。」

「如何才能認清自我？」弟子再問。

「人生有八苦，生、老、病、死、愛別離、怨長久、求不得、放不下，所有的煩惱皆源於這些。其實，這些都是過眼雲煙，世間的人看不透，所以才會煩惱不斷，痛苦不止！」禪師解釋說。

弟子再一次問道：「那如何才能化解痛苦和煩惱呢？」

禪師說道：「笑著面對，看淡一切，不去埋怨，而且隨時能做到隨心、隨性、隨緣，就能拋棄苦惱，遠離痛苦！」

凡事笑著面對，並且努力做到隨心、隨性、隨緣，不苛求，就能遠離痛苦和煩惱。

人生有三種境界：先是看遠，才能夠覽萬物於胸；再是看破，才能心態澄靜；最後是看淡，才能夠超然物外。笑看風雨，就是在看遠，看破之後的淡然。淡然是人生的最高境界，是看透之後不脫俗，看穿了之後不消極，看破了不遁世的表現。既然來此俗世一遭，必須要有滋有味做一番俗人，人生所有的困難、挫折和痛苦都是不可避免的。所有的挫折、困難都是必然要經受的，都會使你堅強，讓你成熟，所有的挫折都會讓你成長，使你的生命充滿睿智。

事業看透了不過是取捨而已；愛情看穿了不過是聚散；而生死看穿了不過是來去而已。任何事情都不必杞人憂天，庸人自擾。任何的爭名奪利、明爭暗鬥，都是狹隘，斤斤計較的結果。衣食無憂、家庭和睦、身體健康才是最大的福氣。在任何時候，最美的人生，都是驀然回首一笑置之的淡然處之！

# 用微笑迎接明天

世事無常，在追求和奮鬥的過程中，所有的一切都不可能事事如你所願。挫折、痛苦在所難免，如何才能讓自己的生命在挫折和磨難中也能精彩十足呢？那就要時刻微笑，樂觀面對人生。

在逆境和黑暗來臨的時候，我們需要的是勇氣，更需要的是微笑。笑對人生，生活才能多姿多彩，明天才會光輝燦爛。

一位哲人說：「經常微笑的人，運氣不會很差。因為一個人的笑容就是他真誠的信使，他的笑容可以照亮所有看到他的人。微笑雖然不是極難的事情，但是它卻會給你帶來震撼人心的力量。」

有這樣一個人，上帝給了他醜陋的相貌，他的身高僅有一百五十五公分，在他三、四十歲的時候，才開始做保險推銷。在他當保險推銷員的前半年，他沒有為他的公司拉過一份保單。

他沒有錢租房，經常睡在公園的長椅上面；他沒有錢吃飯，就吃專供給流浪者吃的剩飯；他沒錢坐車，只好步行前往他要去的地方。上帝在給他苦難的同時，也給了他另一種財富，那就是經常微笑、自信樂觀的性格。

他從來不覺得自己是個失敗的人，至少從表面上沒有覺得自己是個失敗者。每當清晨從公園的長椅上「起床」的時候，他就向每一位他所碰到的人微笑，不管對方是否在意或者回報他的微笑，他都不很在乎，而且他的微笑永遠都是那樣真誠，看上去是那麼精神抖擻、充滿信心。後來，他就是憑藉這張笑臉，成為日本歷史上簽下保單金額最多的保險推銷員原一平。他的微笑也被稱為「全日本最自信的微笑」、「最有價值的笑容」。

微笑是最具力量的表情，它可以振作精神，可以改變你周圍的氣場，更可以讓微笑迎接明天！

還有一位成功人士道出他的成功祕訣：「如果長相不好，就讓自己有才氣；如果才氣也沒有，那就總是微笑。」微笑不僅能夠展現自信，也傳遞了一種樂觀積極的生活態度，它可以顯示出一個人的思想、性格和感情。微笑是富有感染力的，一個微笑往往帶來另一個微笑，能使雙方得以溝通，建立友誼、融洽關係。這樣，人與人之間的關係可能會單純得多、輕鬆得多。

對敵手，微笑是一種大度；對傷害過自己的人，微笑是一種寬容；對陌生人，微笑是交流；對朋友，微笑是友誼；對親人，微笑是摯愛。一路帶著微笑走下去，心情，會因微笑而快樂；如果我們能夠微笑，能夠有安詳平和的心境，那麼不但我們自己身心受益，而且周圍每個人都將受到感染和滋潤。

微笑是一種美麗的表情，微笑的面孔永遠年輕。微笑可以驅散心頭淤積的悲傷與苦痛，他可以給疲憊者奮起前行的力量。

一位名人說過：「人的生命，似洪水在奔流，不遇到島嶼、暗礁，就難以激起美麗的浪花。」在生活中我們會面臨各種各樣的挑戰，考試敗北，傷心失落寫在臉上，為什麼不用笑容抹去眼角的淚水；失意苦惱時，心頭一片愁雲，為什麼不用笑容驅走那一片陰霾。

也許此刻你正沐浴幸福或是遭受著不幸，是享有快樂健康，還是獨受悲傷與痛苦。請記住，一切都會過去，讓微笑迎接明天吧！

# 陽光總在風雨後

一位著名的芭蕾舞演員，因為長期辛苦的訓練使得腳變形了，大家都深感惋惜，以為她如此曼妙的身材卻有一雙如此滄桑、醜陋的腳。而她卻笑說：「一穿上這雙舞鞋，我根本無法停下來！這雙腳越醜陋，代表我離成功不遠了！」最終，她憑藉自己的毅力成為世界上頂尖的芭蕾舞者。

陽光總在風雨後！生活中，在遇到挫折和磨難的時候，我們千萬不要悲觀、厭世，要淡然面對，盡人事，聽天命，以積極的心態面對，不幸的際遇總會改變的。

在現實生活中，很多人會這樣說：「如果再將我置於當時的境遇中，我肯定不會那麼悲觀失望了，我一定會以樂觀的情緒面對！」這也說明，所有的不幸和磨難，都會成為生命永遠的過往，當你以後再回過頭看的時候，就會覺得，那只不過是上帝給自己開的一個玩笑罷了。

在美國有一位堅強的小男孩，他很小的時候，就發生了這樣一件不幸的事情。一次，他與鄰居家的幾個小朋友在密蘇里州的一間荒廢的老木屋的閣樓上面玩耍，由於太過興奮了，一不小心，就從高樓上滑了下去。手指因為戴著媽媽的一枚戒指，在滑落的過程中剛好鉤住了一根釘子，一股強大的力量就將他的整個手指都脫了下來。他痛苦地尖叫著，鮮血直流，所有孩子都嚇壞了，這個小男孩認為自己活不下去了。然而，他卻活了下來，又是失去了一根手指。

經過長時間的治療，他的手好了之後，從此再也沒有為此而煩惱過。因為他明白，煩惱是沒用的，於是他接受了這個不可能改變的事實，沒有為此而感到自卑。後來，他憑藉自身堅強的毅力，開創了全新的社會學，成為家喻戶曉的社會學家，他就是拿破崙・希爾。

在歲月的長河中，我們每個人都會遇到一些令人不快的情況或麻煩的事情，在這個時候，與其悲傷難過，不如接受它，並且適應它。這樣就可以用自己的積極樂觀來化解那些不幸，最終讓這種不幸轉變為一種幸運的事情。相信這些不幸總會成為過去，沒有必要給自己製造更多的麻煩。相信，陽光總在風雨後，一切都會成為永遠的過往。

# 常常感恩，時時惜福

生活中，我們的心經常會被不良情緒所籠罩著，總會忍不住向周圍的朋友抱怨。抱怨上司的苛刻，抱怨同事的刻薄，抱怨孩子不聽話，抱怨家人不理解，抱怨工作不如意……周圍的一切好像變得讓人無法忍受，這主要是因為我們不懂得惜福，不懂得感恩。要知道，快樂不是因為得到的多，而是因為計較的少。如果我們不能夠體會到自己已經擁有的幸福和快樂，心中只能夠容得下私利，那麼儘管你擁有再多，也不會感到絲毫的幸福和快樂。

天使來到人間，想給那些受苦受難的人帶來歡樂和幸福。

這一天，天使來到田野間，遇到一位在田中耕田的農夫，農夫在田中耕地很是辛苦，當他舉頭看到天使，便對他說道：「我家的那頭牛剛剛死去了，沒有了牠，我自然要比以前辛苦許多。」於是，天使馬上就賜給他一頭牛，農夫極為高興，天使最終也在他身上找到幸福和快樂。

又一天，天使又遇到了一位青年男子。這位男子的表情很沮喪，天使問他原因，他說：「我獨自一個人來到城市裡闖蕩，錢財全被人搶光了，現在又餓又餓，無法回鄉。」天使聽罷，就給了他一些銀兩做路費，男子十分高興立刻返鄉回家，天使同樣在他身上找到了快樂和幸福。

隨後，天使又遇到一位年輕的作家，作家英俊、瀟灑，而且有一位溫柔的妻子，還有兩個可愛的兒子，但是他每天愁眉不展，過得很不快樂。

天使就問他：「你看起來十分不快樂，我能夠幫助你嗎？」

作家就對天使說道：「我什麼都不缺，就缺一件東西，你能夠滿足我嗎？」

天使回答說：「可以，你缺少什麼呢？」

作家內心充滿希望地看著天使說：「我缺少的是快樂！我的妻子儘管溫柔，但是長得太醜陋，而且我們沒有共同的話題，每天都說不上幾句話；我的兒子儘管可愛，但是太過調皮，每天讓我無法安定下來去寫作；我的鄰居都是些愛說人八卦的人，有事沒事就愛揭人長短……周圍的一切真是糟透了，我感受不到任何的快樂！」

如何才能給予他快樂呢？這可難壞了天使。一會兒，天使說：「我明白了，你的所有要求，我都會滿足你！」接下來，天使就將作家周圍所有人都帶走了，只剩他一個人孤零零地活在人間。」

沒有了親人的牽掛，作家比以前更痛苦了。沒有兒子的歡鬧，沒有妻子的溫柔安撫，鄰居的歡笑……他覺得一切都失去意義了。正在準備死去的時候，天使又出現了，將他的兒子、妻子和鄰居全部歸還了他。

半個月以後，天使再去看望作家，這次，作家抱著兒子，摟著妻子，不停地向天使道謝，因為他現在真正得到快樂了。

每個人都生活在幸福和快樂之中！生活中，我們之所以會出現這樣那樣的煩惱和痛苦，是因為我們內心不懂得感恩，被過多的私欲所占有，不懂得珍惜自身所有的幸福。這個時候，如果你能夠敞開心扉，用心體會周遭的世界及周圍人對我們的付出，你就會發現，一切事情都值得我們去感恩。沒有了親情和愛情，我們只能體會到孤獨和淒涼，周圍的一切給予我們太多的福祉，我們要用心去體會自己所擁有的一切，並常懷感恩，這樣才能發現圍繞在我們周圍的幸福。

感恩是一劑能讓人心情轉好的良藥，很多時候，感恩的心能帶給人們一種良好的人生感覺，能使我們感到愉悅的溫暖。心存感恩，生活中才會少些怒氣和煩惱；

心存感恩，心靈才會感到寧靜與安詳；心存感恩，你才會敬畏地球上所有的生命，珍愛大自然的一切惠賜，才會時時感受生命的富有。

惜福能讓我們珍視當下的一切，讓我們的內心少一些欲望，少一些攀比，不放縱自己的欲望，學會知足常樂，讓心靈時刻都能夠保持淡定和從容。懂得惜福的人，知道幸福是來之不易的，又是極為短暫的，為此，他們會格外地珍視。因此，我們要懂得去惜福，這樣才能以包容的心態去面對周圍的人與事，才能真切地感受到生活中的幸福和快樂。

# 讓苦難散發出芬芳

苦難是人生不可或缺的內容，在你經歷的時候，雖然苦不堪言，但是如果你能夠直面苦難，便可以讓苦難散發出芬芳來。

一位農民，在經歷了人生的種種苦難之後，成為了著名的作家。

他曾經做過木匠，在建築隊裡幹過泥瓦工，收過破爛，賣過煤球，在感情方面受過欺騙，還打過一場三年之久的麻煩官司。然而，如今的他仍舊獨自闖蕩在一個又一個城市中，做著各種各樣的工作，居無定所，四處飄蕩，經濟上又沒有任何保障。

他表面上看起來仍舊是個農民，但他與鄉村日出而作，日落而息的農民不同。因為他愛好文學，在耕作的同時，他幾十年來筆耕不輟，寫下許多優秀的文章和詩歌，他的傑作讓所有人都為之動容。

一位記者曾這樣問他：「你如何寫出這麼多富有溫情的佳作呢？在讀你的作品的時候，很多人都認為這種文字只有初戀的人才能寫得出來。」「那你認為我該寫什麼樣的作品呢？是那種訴說人生苦難的作品嗎？」他笑笑問道。

「起碼應該比你現在的作品沉重一些才是！」記者打趣說。

他笑了笑說道：「我是在農村長大的，農村人每家都有豬糞。小時候，每當我遇到別人挑糞往地裡丟的時候，我都會掩鼻而過。那時候，我總是覺得奇怪極了，這麼臭，這麼髒的東西，怎麼就能夠讓莊稼長得更壯實呢？後來，經歷了這麼多的事情，我卻發現自己所經歷的苦難，正如糞和莊稼的關係一般。糞便是髒臭的，如果你將它一直儲存在糞池中，它就會一直這麼髒臭下去，但是一旦它遇到土地，情況就不一樣了。對於一個人，苦難也是如此。如果你將苦難視為生命的苦難，那它就只是苦難。但是如果讓它與你精神世界中最為廣闊的那片土地去結合，它就會成為一種最為寶貴的營養。」

這種質樸的話語，極為打動人心。土地得到了糞便的滋養，他的心靈在苦難中昇華。他的文字那麼明麗，充滿深情真是「梅花香自苦寒來。」

事實就是如此，沒有經歷過幾番風雨折磨的禾苗永遠結不出飽滿的果實，沒有經歷過挫折的雄鷹永遠不能高飛，一切事物如果要變得更為堅強，就必須要經歷一些困境，如果你能夠以這樣的眼光去看待苦難，苦難就會轉化為芬芳。

# 讓一寸陽光照亮人生

你對世界微笑，世界也會對你微笑，一切快樂憂傷皆於內心，內心多一份陽光，你的生活便會少一份憂傷。

史特龍是世界頂尖的電影巨星，也許很多人都不知道，他的成名之路充滿了坎坷和磨難的。

史特龍從小就在一個不幸的家庭長大，他的母親是一個酒鬼，父親是一個賭徒。這樣的環境，讓他很小就輟學，成為街頭一個受人唾棄的小混混。

在史特龍二十歲的時候，他猛然醒悟，認為自己不能這樣自暴自棄，內心總被黑暗所籠罩。否則，很可能會成為社會的垃圾，自己也會痛苦一生。為此，他決心要走一條與父母迥然不同的道路，陽光慢慢照進了他的內心。

然而，他又能做什麼呢？經過長時間的思索，他覺得自己找一份理想工作是不可能的，一沒有經驗，二沒有技術；經商，又沒有本錢……最後，他想到當演員——當演員不需要文憑，更不需要本錢，而且一旦成功，卻可以過不一樣的人生。但是他顯然不太具備做演員的條件，沒有「天賦」，沒有接受過任何的專業培訓。然而，他想也許是自己今生唯一出頭的機會，他對自己說：決不放棄！

於是，他獨自一人來到好萊塢，找明星，找導演，找製片……找一切可能使他成為演員的人，最終卻被拒絕了。面對這樣的拒絕，他本該難過，但是他卻越挫越勇，沒有因此難過，更沒有放棄。他認為以自己的條件被拒絕也是正常的，就將每一次的失敗當成是一次學習的機會吧！

隨後，他又重新去找人……但是，很不幸，一晃兩年過去了，身上的錢也花光了，只好在好萊塢做些粗重的零工，這兩年來他遭到的拒絕有一千多次。隨後，他又想出了一個「迂迴前進」的思路：先寫劇本，待劇本被導演看中後，再要求當演員。

兩年多的耳濡目染，每一次被拒絕後，都有專門的人對他口傳心授一些做演員的心得，一次次的學習，一次次的進步，讓他具備了寫電影劇本的基礎知識。

一年後，劇本寫出來了，他拿去拜訪各位導演。但是，他又一次被拒絕了，他依然微笑著面對眼前的境況。最終他的精神終於被一位導演感動，答應給他一次機會。為了這一刻，他已經做了三年多的準備，終於可以一試身手。機會來之不易，他自然竭盡全力，全身心投入其中。最終獲得了巨大的成功，他的演出創下全美最高的收視紀錄！

在遇到挫折和磨難的時候，史特龍總能以積極的心態去面對，讓內心始終充滿陽光，這樣才讓自己的人生少了一些憂傷和痛苦。所以，我們想在追求的道路上獲得成功，也應該始終讓內心充滿陽光，以一顆坦然和積極的心態去面對一切際遇。

生活中所有挫折和磨難給生活中帶來無數的憂傷和痛苦，然而，只要我們內心是充滿陽光的，是積極樂觀的，那麼，一切的不幸和黑暗很快會被驅散。

# 生活就像剝洋蔥

一位哲人說：「生活就像剝洋蔥，當我們在一片一片不停剝開的過程，會讓我們流淚。」

有一個發生在美國一所大學的故事，讓很多人得到啟發。

一位哲學教授，在快下課的時候，給同學們出了這樣一個「難題」。他讓一個女學生到講臺上寫下最難以割捨的二十個人的名字。

女學生照做，這二十個人的名字有他的鄰居、朋友和親人等等。

教授就說：「請你劃掉一個這裡面你認為最不重要的人。」

女學生就劃掉了一個她鄰居的名字。

教授說：「請你再劃掉一個。」

女生又劃掉了一個她的同學。

教授又一次說：「請你再劃掉一個。」

女生就又劃掉了一個。

最終，黑板上僅僅剩下三個人，有她的父母、丈夫和孩子。教室內非常平靜，所有的同學已經知道，這確實是一道難題。

這位哲學教授最後再次平靜說：「請你再劃掉一個。」

這位女生遲疑著，艱難地做著選擇……她舉起粉筆，劃掉了父母的名字。

「請再劃掉一個。」身邊又一次傳來教授的聲音。

這位女學生頓時驚呆了，用顫微微的手舉起粉筆緩慢而堅決地劃掉了兒子的名字。緊接著，她「哇」一聲哭了，樣子非常痛苦。

哲學教授等她平靜下來以後，就問道：「與你最親近的人應該是你的父母和孩子，因為父母是養育你的人，孩子是你的親生骨肉，而丈夫則是可以重新再找的，為何把丈夫作為你最難以割捨的人呢？」

女同學平靜回答說：「隨著時間的推移，父母會先我們而去，孩子長大以後，肯定也會有自己的家庭會離我而去，而真正陪伴我度過一生的只有我的丈夫。」

生活就有如此多的無奈，痛苦不可避免，一生中，總會有那些讓我們無可奈何的事情讓我們落淚、難過。為此，我們要淡看人生路，笑對一切不幸際遇，懂得尊重，學會放棄，珍惜人生，盡職盡責，這樣才能讓自己擁有完美的人生。

# 面對挫折，笑看人生

一位哲人說：「不能流淚，就選擇微笑。」生活中，每個人都會遇到磨難與挫折，但是，要知道，磨難和挫折可以讓你的內心變得更加堅強，正是因為這些磨難與挫折，才讓自己在以後的日子時刻能以淡定的心態去面對一切。可以說，磨難與挫折是人生的寶貴財富，它能夠磨煉我們的內心，我們應該勇於面對挫折，並微笑著去面對挫折，它使你變得強大。

在美國加州一個大農場的山丘上面有一間特殊的房子，這所房子是完全用天然物質搭建的，裡面不含任何有毒物質，就連裡面的空氣都是工作人員灌注的純淨氧氣。這座房子的主人洛斯平時只依靠傳真與外界進行聯絡。那麼，洛斯為何會過這種與普通人不同的生活呢？

那是二十年前的一天，洛斯在拿起家中的殺蟲劑滅蟲的時候，忽然感到全身一陣痙攣。她原本以為那是身體暫時的一種症狀，卻不料殺蟲劑內化學物質破壞了她全身的免疫系統。從此以後，她就對一切能散發出氣味的東西，比如日常用品、食物，就連空氣都有可能會導致她患上支氣管炎。這種疾病是多重化學物質過敏症，目前無藥可治。

就在洛斯患病的幾年之中，她連睡覺都在流口水，漸漸地連尿液也變成了綠色。身上的汗水還會不斷刺激她的背部，最終形成疤痕。

在那段時光，洛斯所承受的痛苦是我們常人難以想像的。但是為了繼續生存下去，她的丈夫以鋼與玻璃為材料，為她蓋了一個「無毒」的空間，一個足以逃避所有外界有味道的物質威脅的「世外桃源」。洛斯日常所有吃的、喝的要經過仔細選擇與處理，她平時只能喝蒸餾水，並且吃的食物也不能含有任何化學成分。

在那個「世外桃源」中生活了八年，洛斯沒有見過一棵花草，從沒聽到過悠揚的聲音，更感覺不到陽光。她只能躲在無任何飾物的小屋裡，飽受孤獨之苦。她還不能放聲大哭，因為她的眼淚也和她的汗水一樣，隨時都有可能成為威脅她生命的「毒素」。

「不能痛哭，那就選擇微笑吧！」堅強的洛斯這樣對自己說。事已至此，自暴自棄和痛苦只能毀滅自己，生活在這個寂靜的「無毒」世界裡，洛斯卻感到很充實。因為她不僅要與自己的精神抗爭，還要與外界的一切有氣味的物質相抗爭。

十年後，洛斯在孤獨中創立了「環境接觸研究網」，主要致力於化學物質過敏症病變的研究。隨後，她又與另一個組織合作，另創「化學傷害資訊網」，主要是宣導人們避免威脅。目前，這一家資訊網已經有五千多名來自三十多個國家的會員，不僅每月都發行刊物，而且還得到美國國會、歐盟及聯合國的大力支持。

不能流淚就選擇微笑，看似是洛斯無奈的表白，實則是她在歷經磨難後的坦然。你笑世界笑，快樂源於內心，你的態度決定了你的境遇，萬念皆心生，心浮則氣躁，心靜則氣平。像洛斯一樣，能夠接受一切，並且淡淡地對待一切，一切就風輕雲淡了，看開了，誰的頭頂都有一片藍天。

# 成功路上勇於挑戰挫折

有句話說：「挫折是成功的基石」。也就是說，要獲得成功，就一定要經歷挫折和磨難，這是必不可缺少的。然而，生活中卻有很多人，總想繞道而行，想繞過所有的挫折，直達成功，殊不知，這是不可能的。

一位剛剛畢業的大學生，在剛剛出校門的時候，就告別了親人和朋友，獨自踏上尋求成功之路。

他獨自一個人跋山涉水，歷盡千辛萬苦，身上的衣衫被路上的荊棘劃破了，腳板也磨出了水泡。當他穿過一片森林，走到河邊的時候，一個叫「挫折」的人擋住了他的去路，笑著說：「只要你想尋找成功，就必須從我這裡經過，就必須經歷挫折。」

「不行！」年輕人說。「我要的是成功，我不需要挫折。」於是，他就繞道而行。他又翻了幾座山，蹚過了無數條河，始終沒有找到成功，漸漸灰心喪氣起來。

有一天，年輕人在行路的過程中遇到一位智者，便問道：「你知道成功在哪裡嗎？」智者沉思了一會兒，說：「就在你先前在河流邊遇到的那位叫『挫折』的人的前方，當時如果你能夠穿越它，現在就已經找到成功！誰知你卻繞道而行，現在離通向成功的道路反而是越來越遠了！」

人生其實沒有什麼彎路，每一步都是必須的。在通往成功的道路上，挫折是不可少的，你所追求的捷徑或者繞道，只有使你遠離成功！

其實，在任何時候，所謂的失敗和挫折都並不可怕，它會教會我們如何尋求到經驗與教訓，是我們通向成功的必要的投資。為此，在前進的過程中，如果我們遇到了挫折，千萬不要哀怨、痛苦，不要讓自己沉浸在悲傷之中，只有正視挫折，因為很多時候，你所經歷的挫折對你來說未必是件壞事情，很多時候，它是幫你開創未來！

# 對折磨過你的人要心存感激

當我們在工作和生活中遭到他人的折磨的時候，都會無休止地抱怨，或者以牙還牙，給自己帶來了莫名的痛苦。但是，你是否想過，正是這些折磨過你的人，讓你成長，正是因為他們的存在，才讓我們的生命充滿了機遇和挑戰，充滿了轉折和收穫。

成功學大師卡內基說：「一個人在飽受折磨的背後隱藏著未來的成功，折磨也是人生所需要的，它和成功一樣有價值。」是的，一個人任何的學習，都比不上一個人在受到屈辱和折磨中學得迅速、深刻和持久，因為它能夠使人深刻了解社會，接觸現實，使一個人的能力得到提升和鍛煉，從而使自己的成功之路走得更順遂。

傑克·費雷斯是美國獨立企業聯盟主席，可以說，他的成功與那些從小折磨他的人是分不開的。

傑克從十三歲就很想學修車，於是在一家私人加油站工作。但是，店老闆從不讓他參與修車，而是讓他打雜，接待顧客。

費雷斯後來回憶道：「老闆是一個極為苛刻的人，每次都不讓人閒著。只要有車開進來，都會讓我過去檢查汽車的油量、蓄電池、傳動帶和水箱等。隨後，還會讓我去幫助顧客去擦車身以及擋風玻璃上的汙漬，真是煩透了……」

一段時間之後，每週都有一位老太太開著她的車來清洗和打蠟。那個車的車內踏板凹得很深很難打掃，而且這位老太太非常挑剔。每次當費雷斯給她把車清洗好後，她都要再仔細檢查一遍，讓費雷斯重新打掃，直到清除掉車上的每一縷棉絨和灰塵，她才會滿意。

終於有一次，小費雷斯忍無可忍，不願意再侍候她了。店老闆卻在一旁厲聲斥責他說：「你不願幹活就趕快給我滾蛋，這個月的報酬也別想要了！」聽到這樣斥責的話，小費雷斯內心很痛苦，回家以後就將事情的原委告訴了父親，父親卻笑著告訴他說：「孩子，那本來就是你的工作，不管老闆說什麼，你都應該把它做好才是啊！這會成為你以後人生的一筆財富，好好做吧！」

聽了父親的話，小費雷斯就端正了心態。在以後的日子中，不管老闆如何斥責他，如何刁難他，他都會以微笑視之，並努力將事情做好。也就是幾年以後，富雷斯終於憑藉自己的各種基本洗車技術以及在顧客的良好口碑之下，開了一家自己的店面，取得最終的成功。

費雷斯的成功離不開折磨他的那些人。正所謂「吃一塹，長一智」，而那些讓你「吃一塹」的人正是給你了一個客觀的條件，你為什麼對此不心存感激呢？學會感激那些折磨過你的人，註定了你與成功結緣。

心理學家表明，當一個人受到的打擊超過了你心靈所能夠承受的限度時，就可以爆發出一種巨大的力量，而這股力量會驅使你不斷奮進，要向他人證明，你能行，你能成功，你可以做出一點成績來給他們看。

生活中，每個人難免都會受到折磨，而每一次折磨都代表你又要進步了，所以，我們要對那些折磨我們的人心存感激，因為他們讓你能夠時刻檢討自己，哪些地方做得不好，哪些地方需要改進，讓自己變得更堅強、更優秀。如果說，對你好的人是在「幫助你成功」，那麼，折磨你的人則是在「逼迫你成功」。為此，我們從現在起，就應該時刻對折磨你的人心存感激，只有這樣，我們才能在折磨中體會到一種幸運和滿足，才能使紛繁蕪雜的世界變得更為鮮活。

# 坦然面對厄運

每個人都渴望得到好運，都熱切期待好運的降臨，如果等不到，就會黯然傷神，灰心喪氣；等到了，就會喜悅至極。這種不淡定的心態會讓我們的生活充滿不和諧的情愫，會擾亂我們平靜的內心和安然的生活。

如果我們能換一種心態，平靜地對待厄運和不幸，那麼，當不幸來臨時，就會有足夠的準備去與之抗衡。

安妮是一位勇敢的母親，她有一個可愛的兒子，不幸的是，他的兒子在一歲的時候，患上了死亡率較高的癌症。她自己也明白，與兒子同病的兒童，是沒有活過六歲的。為了讓兒子得到有效的放射性治療，他每次都將兒子抱在懷裡接受射線治療。醫生曾經勸她說，這種放射性治療對正常人的身體傷害是極大的，有可能也會讓她患病。

然而，這位母親仍然堅持著。不幸的是，他的兒子在不到四歲的時候，就離開了她。因為她每時每刻都在等待死神的降臨，所以，當失去兒子的時候，她並沒有手忙腳亂，相反地，她心如止水般平靜。從此之後，她也如同治療感冒那樣接受治療癌症。就這樣，她與厄運抗衡了十六年，直到如今，八十多歲的她仍平靜面對生活中的一切。

生活中，很少有人像安妮這種「等待」厄運的。我們通常等待的是朋友、幸福、快樂、好運，因為有充分的心理準備，所以會平靜與之抗衡；如果等不到，那便會是一種幸運。這份從容，這份淡定，讓生命變得優雅、平靜。

生老病死的自然規律是任何人都無法抗拒的，既然逃不脫，那就從容面對，坦然面對，在它還未降臨的時候，就做足充分的準備，將這種旁人看起來是複雜的事情簡單化，這樣處理起來就會得心應手，有條不紊。在等待的過程中，我們也要精彩地活著，從容地老去，即便是流星，也要以優雅的姿態劃過歲月的長河。

# 退縮，只會削弱你的意志

生活中的壓力無處不在，然而你是否想過，正是這些壓力才激發出了你內在的激情與動力，才讓你變得更為優秀。在壓力面前退縮，只會削弱你的意志。為此，當你面對壓力的時候，你要及時地改變心態，將壓力很好地轉化為動力，這樣你的痛苦和焦慮就不會存在了。

在非洲中部最為乾旱的大草原上，有一種巨蜂，這種蜂是短翅膀、短脖子，體態肥胖且臃腫。

根據生物學家們的理論，這種體形肥胖臃腫而且翅膀短小的蜂，其飛行本能應該是最差的，甚至連雞、鴨都不如；用流體力學來分析的話，它們的身體與翅膀的比例根本不能夠起飛，即便將它們扔到天空中去，它們的翅膀也不可能產生承載肥胖身體的浮力，然後就立即掉下來死掉。

然而，出人意料的是，這種巨蜂卻能夠在非洲的大草原上連續飛行約二百五十公里，而且，飛行高度也是一般蜂類所不能及的。

另外，這種蜂類也是極為聰明的，牠們平時藏在草叢或者岩石的縫隙中，一旦有食物後就會立即振翅飛起來。尤其是當發現它們生活的地區將面臨極度乾旱的時候，它們就會成群結隊迅速逃離，往一些水草豐富的地方飛行。

這種飛行能力極強的蜂類，哲學家們認為，非洲蜂雖然天資低劣，但是它們也只有學會極為強健的飛行本領，才能夠在氣候極為惡劣的非洲大草原中生活下去。如果它們不能夠飛行，或者飛行能力極差，它們面臨的只有一條道路，那就是死亡。

正是惡劣的自然條件，才能讓非洲蜂有了極強的飛翔本領，而這讓我們相信，在一個執著頑強的生命中，只有壓力才能產生超強的能力。

對於我們人類來說，只有壓力才能激發出你生命的能量，讓你變得更優秀。人在巨大的壓力之下，身體內部就會分泌腎上腺素，可以激發出人無盡的潛能，可以最大限度地促使人跑得更快，跳得更高，力量也會更強大，從而做出驚人的成就。

當人們處於順境或者寬鬆中的環境中的時候，是很難爆發出這種驚人的潛能與做出驚人的成就的。所以，我們平時的很多成績都是壓力作用下產生的結果。

為此，如果你現在身處壓力之下，不應該抱怨，而應該對此心存感激，它能夠挑戰我們生命的極限，讓我們不斷地超越自己，成為更優秀和更卓越的自己。

# 讓缺憾化腐朽為神奇

生命中，我們總要面對種種的不如意，或者容貌平凡，或者智力平平，或者是天生的殘障人士，我們要做的就是高高昂起自己的頭，設法去彌補自己的弱點和不足，把不如意化為如意，化腐朽為神奇。

有一個十歲的小男孩，在一次車禍中不幸失去了左臂，但是他很想學柔道。於是小男孩拜一位日本柔道大師做了師傅，開始學習柔道。

他學得不錯，可是練了三個月，師傅只教了他一招，小男孩有點不懂了。

一天，他終於忍不住問師傅：「我是不是應該再學學其他招式？」

師傅回答說：「不錯，你的確只會一招，但你只需要這一招就夠了。」

小男孩並不是很明白，但他很相信師傅，於是就繼續照著練了下去。

幾個月後，師傅第一次帶小男孩去參加比賽。小男孩自己都沒有想到居然輕鬆贏了前兩輪。第三輪稍微有點艱難，但是對手還是很快變得有些急躁，連連進攻，小男孩敏捷地展出自己的那一招，又贏了。就這樣小男孩順利進入了決賽。

決賽的對手比小男孩高大，強壯許多，也似乎更有經驗。小男孩顯得有點招架不住，裁判擔心小男孩會受傷，就叫了暫停，還打算終止比賽。

然而師傅不答應，堅持說：「繼續下去。」

比賽重新開始後，對手放鬆了警惕，小男孩開始使出他的那一招，制伏了對手，由此贏得了比賽，得了冠軍。

回家的路上，小男孩和師傅一起回顧每場比賽的每一個細節。

小男孩鼓起勇氣道出了心裡的疑問：「師傅，我怎麼就憑著一招贏得冠軍了？」

師傅答道：「據我所知，對付這一招唯一的辦法是對手抓住你的左臂。而你認識到了你的優勢，才贏得了這次比賽！」

歌德曾經說過：「每個人都有與生俱來的天分，當這些天分得到充分發揮時，自然能夠為他帶來極致的快樂。」對於有殘障的人來說，如果你能夠轉變心態，那麼，就完全可以利用自身的劣勢轉化為優勢，獲得最終的成功。

這讓我們想到了只有兩根手指頭卻將自己的思維觸向了遙遠的宇宙的著名物理學家霍金，他的人生是不如意的，但是他卻可以轉變心態，笑看風雨，用信念、毅力、執著與樂觀化人生的不如意為大如意。而平凡中的我們，面對生活中的一點點的挫折，又該做出什麼樣的行動呢？

# 無奈人生也精彩

每個人的生命都充滿了太多的無奈：失去是無奈、錯過是無奈、思念是無奈、後悔是無奈、生死離別也是無奈……總之，我們對生活或事物產生的一種無可奈何、無計可施的態度，都是無奈。

哪個生命總是充滿鮮花和掌聲的，哪個生命又總是一帆風順的？既然不能左右一切，那就讓我們看淡一切吧！盡人事，聽天命，這樣才能讓生命承受重負的同時，活出自己的真色彩來。

許多人也許不知道，美國第三十二任總統羅斯福，天生口吃，說話斷斷續續含糊不清，而且生性懦弱，在公共場合講話極容易緊張。而且只要有人與他講話，他就會表現出驚恐的表情，甚至還會發抖。

很多像他這樣的小朋友，多數都會拒絕參加各種公開活動，也會變得孤獨離群，可能會顧影自憐，唉聲歎氣。然而，小羅斯福卻並沒有這麼做，雖然他天生容易緊張，但是他卻能夠積極地面對人群，即便是同伴們嘲笑他，他也會不以為然。每一次在緊張的時候，他會堅定地說道：「只要我用力咬緊牙關，努力不顫動，不久我就能克服緊張的情緒了！」

就這樣，幼小的羅斯福，每天總能堅定告訴自己說：「這些缺陷算不了什麼，咬咬牙就努力克服掉了，就能收穫生命的精彩！」每當看到其他的小朋友活力十足地參與各種公共活動時，他都要強迫自己參加，無論自己的口吃會招致多少人的反感！當恐懼產生時，他都會對自己說：「我一定能行！」漸漸地，他克服了自己的這些生理缺陷，並且憑著他對自己的這種奮鬥精神與自信，最終成為美國歷史上偉大的人物。

面對缺陷和無奈，羅斯福並沒有讓自己陷入哀怨之中，而是盡自己最大的努力，最終收穫了成功和快樂的陽光。

其實，生命中如果沒有黑夜，我們就無法看到漫天的星辰；沒有缺陷，生命就沒有前進的動力；沒有離別的傷痛，就沒有相逢的喜悅。

總之，在面對生活中一些我們根本無法改變的無奈，我們一定要大度一些，坦然地去面對，和善地去對待周圍的每個人，幸福過好每一天，要精心經營好自己的田園寶地，這樣你的生命就不會有太多的遺憾和傷痛了。

# 無法改變環境，但可以改變自己

現實生活中的每個人都有權利選擇自己的生存環境，你可以選擇屈服於環境，也可以在惡劣環境的考驗之下變得更為堅強。反過來說，你可以選擇改變環境，讓環境隨你而改變。改變環境還是改變自己？這一切都由你個人的心態而定。

一位年輕人畢業之後，在找工作的過程中，幾次挫折，心灰意冷。從此，他就不停向周圍的朋友抱怨生活的艱辛，覺得自己的一生很可能要在頹廢中度過了。

他去大學找他的老師，說：「現實社會真是太殘酷了，我根本不知如何應付當下的生活，對一切都很迷茫，覺得生活和學習的壓力已經超過了自己所承受的極限了。」

老師笑而不語，將他帶進廚房之中，分別往兩口鍋中倒了一些水，然後就將它們放在旺火上燒，同時又放入一個雞蛋和一根胡蘿蔔。然後再蓋上鍋蓋開始不停地煮。年輕人不明白老師的意思，心中很是納悶。

半個小時之後，老師將火全部關掉。將胡蘿蔔、雞蛋撈出來放在一個盤子中。然後微笑對年輕人說：「你剛才看到了什麼？」

「一根胡蘿蔔和一個雞蛋啊。」年輕人平靜地回答道。

老師讓年輕人用手摸摸它們，年輕人就試著做了。

老師接著說，胡蘿蔔本來是堅硬的，但是被開水煮過之後，卻變軟，變弱了；而雞蛋本來是最容易碎的，它薄薄的外殼保護著它呈液體的內臟，但是經開水一煮，它的內臟變硬了，變得更堅強了。同樣的環境中，有的人能被環境磨練得更堅強，而有的人則是被環境打敗，變得軟弱不堪。在現實中，你該如何選擇，就看你自己了。

被稱為唱作鬼才的「火星男孩」華晨宇，也是個活在自己世界的「另類」男孩。他曾說過：「任何外界給予我的，用他們的規矩來定義我的時候，或者來限制我的時候，對我而言是沒有被限制的。就比如說，你要我按你的規定來讓我去做什麼，我一般都會去做，哪怕我不想去做，但我還是會去做，但是我在做的過程中，我一定會讓自己開開心心的去做，我改變不了這個環境，那我就去改變我自己的心態。」

每個人的生命都是大海中的一葉扁舟，在行駛的過程中，並不能夠一帆風順，都會遇到這樣或者那樣的困難。在困難面前，每個人都有權利決定自己的前途和態度，比如你可以學胡蘿蔔，在惡劣的環境中被環境所打敗；也可以學雞蛋，在惡劣的環境中變得堅強。處於什麼樣的環境並不重要，重要的是你自身的選擇。

在很多情況下，如果你實在無法左右環境，那就試著改變自己，而不是一味地抱怨，吐苦水，這樣只會讓你成為令人討厭的「怨婦」。

# 陽光依然燦爛

在奮鬥的過程，每個人都不可避免會遇到失敗，於是沮喪、痛苦難免會纏繞著自己。這個時候，我們要告訴自己：失敗也是一種動力，失敗面前不氣餒。

一位剛剛十八歲的年輕人走出校門後就開始創業，他從擺地攤做起，一點點積累，一步步拚搏，經過十年的摸爬滾打，吃盡了苦頭，終於成為一個擁有上千萬資產的老闆。

但是，因為他的一次失誤的決策，讓公司面臨倒閉的風險。最終，公司被迫破產開始還債，就將房子抵押給了別人，汽車也被人家開走了，而且還欠他人很多的債務。一夜之間，他從一個富豪變成了街頭的流浪漢。

從無到有的喜悅誰都能夠領受，但是，從高處跌到低處的痛苦，卻不是每個人都能夠承受得起的。

突如其來的打擊讓這位年輕人痛苦不堪，他無法面對殘酷的現實。他心如死灰般地對朋友說：「這次徹底失敗了，我只有一條路可走，那就是死亡。」

朋友說：「十年之前你有很多路可以走，現在也有很多路，沒有人能夠原諒你，任何人都不會同情一個懦夫！好好振作起來好嗎？你應該明白的，只有奮鬥過的人才會有失敗，那些沒有失敗的人，是因為他們沒有奮鬥過啊！你已經擁有了別人所不曾擁有過的，你為什麼要悲傷？你該歡喜才是。我們出去看看，十年來陽光一直照耀在你的頭上，現在也依然燦爛，如果陽光沒有改變，你為什麼要改變。」

聽了這番話，年輕人眼睛一下子亮了起來，在床上躺了很久。有一天，他打開窗，陽光照在他的臉上，他突然跑進陽光裡，大聲地喊道：「陽光沒有變，陽光依然燦爛！」

從此，他就不再哀怨，不再痛苦，開始了新的人生征程。

在奮鬥之始，你也是什麼也沒有，失敗了，只是意味著你又回到了從前，你並沒有損失什麼，相反地，你還得到了別人所沒有的人生輝煌和奮鬥的激情。

在奮鬥的過程中，永遠記住，照在我們頭上的陽光沒有改變，它依然燦爛，我們也應該一如既往地走好自己的路才是！

第五章

# 順勢而為，行看流水坐看雲

人生一切際遇，都可以歸結為一個「勢」上。生命中，很多事情不是人能夠憑自己的意願去改變的，要順應事情本身的發展方向來做事，不必強行去改變，才能享受到「行看流水坐看雲」的愜意。

凡事不可強求，只有一顆明亮的心，才能參悟人生，才能看得清，才會知曉大的方向，才能順應世事，做出一番大成就，通向更光明的未來。

# 簡化日程表，給心靈放個假

隨著社會競爭的日益激烈，人們的生活節奏也越來越快，很多人都被滿滿的「日程表」牽著走。這些日程表上面，寫滿了每天自己必須要做的事情，它佔據了我們生活。當我們把主要事情做完，想鬆懈一下時，卻又被無休止的電視、網路遊戲以及娛樂活動所佔據。很多人覺得自己活得越來越壓抑，越來越找不到自己心靈的空間。與其這樣苦苦折磨自己，不如將這些「日程表」進行簡單化，適度給自己的心靈放個假。

愛琳・詹姆絲是美國著名的作家，她一生宣導過一種簡約的生活。她認為人只有過簡約的生活才能活出生命的色彩。

其實，愛琳・詹姆絲年輕時，只是一個投資人兼一個地產公司的投資顧問。這兩種工作每天都使她陷入忙碌之中，亂七八糟的事情塞滿她的每一天。在這種生活持續了幾十年以後，突然有一天，她覺得再也無法忍受了。那一天，她靜靜坐在自己的辦公室中，望著眼前寫得密密麻麻的事宜和排程表，突然覺得這是一種愚蠢的生活狀態。

也就在這時候，她做出一個決定：簡化日程表，給心靈放個長假。

接下來，她就拿起日程表，把裡面原本的八十多項內容，簡化為十多項。她取消了當日所有的電話預約，並將堆積在辦公桌上所有的檔全部清理掉，就連信用卡，她也幾乎全部註銷掉了，為的是不讓無休止的銀行帳單來打擾自己。

就這樣，她透過改變自己的日常生活與工作習慣，使她的房間以及庭院的草坪變得更整潔。簡化之後，愛琳・詹姆絲得到了更多的空閒的時間，心靈也得到了休養，整個人變得快樂了。

愛琳・詹姆絲曾這樣說：「我們的生活已經太過複雜了。在人類的歷史進程中，從來沒有如我們今天這個時代擁有如此多的東西。這些年來，我們一直被外在的物欲誘導著，我們誤以為自己只要努力就一定會擁有一切東西，但是，這些東西事實上卻讓我們沉湎其中並且心煩意亂，因為它們讓我們失去了創造力。與其這樣忍受折磨，不如捨棄這些東西，給自己的心靈多騰出時間來放鬆，這樣才能使我們的創造力永遠旺盛。」

生活中，如果你時常感到心累，那從現在開始就學著去清醒，勇於簡化繁忙的排程，放下該放下的，讓自己的心靜下來。久而久之，養成習慣，你就能收穫快樂愜意的人生。

# 用樂觀的心境面對環境

柏拉圖說：「決定一個人心情的，不在於環境，而在於心境。」一個樂觀的人，不管在什麼樣的環境中，都能順勢而為，樂觀面對，看到其中蘊涵的美好的一面。

一位生性樂觀的人在單身的時候，與幾位朋友一同擠在一間小房間，裡面幾乎看不到陽光。但是他總是樂呵呵地，朋友說他：「那麼多人擠在一起，有什麼值得你高興的？」他說道：「朋友們住在一起，隨時可以交流感情，難道這不是值得高興的事情嗎？」

一段時間之後，所有的朋友都成了家，先後搬了出去，屋內只剩他一個人孤零零的，但是他卻仍舊每天樂呵呵的。又有朋友問他：「你一個人孤孤單單的，有什麼值得你高興的？」他笑呵呵地說：「我有很多書，每本書籍都是我的老師，每天和這些老師在一起，學到很多東西，這不是令人高興的事情嗎？」

樂觀的人不管處於什麼樣的環境，都能順勢而為，看到積極陽光的事物；無論在什麼樣的情況下，即便再差也能保持良好的心態，也會相信壞的事情會過去，相信陽光總會再來的心境。

其實樂觀就是一種心境，它和得失成敗無關、生命的形式也無關，它沒有量化標準。擁有好的心境，讓自己保持這種滿足、樂觀和豁達，快樂就會永遠圍繞在你身邊。

# 沒有什麼不能坦然

在這個世界上，沒有什麼事情不能坦然的，關鍵要看你以怎樣的心態去面對。面對於所失，要及時調整心態，面對現實，認真分析形勢，以求進一步的得到。面對缺憾，要看到缺憾中蘊藏的完美，任何事物都有兩面性，我們切不可只看到「缺失」的一面，而讓自己耿耿於懷，不能自拔，這樣只會讓我們與快樂無緣。

在任何時候，在任何情況下，我們都要學著以理性、樂觀的心態去看待事物的發展，這樣不僅可以讓自己獲得平靜，也可以讓自己贏得「快樂的人生」。

一年一度的徵兵活動開始，剛剛走出大學校門的邁克就在應徵之中。聽到這個消息，他每天的心情都很鬱悶。

爸爸看到他鬱鬱寡歡的樣子，決定和他聊聊天。於是，就對邁克說：「孩子啊，其實，你沒必要這麼憂慮。到了部隊以後，你會有兩個機會，一個是留在後勤部門工作，一個是被分配到外勤部門。要知道，如果被分配到內勤部門，你現在的擔心完全是多餘的，那些工作是很輕鬆的。」

爸爸的話，並沒有讓邁克有一絲放鬆，他說：「要去哪個部門不是自己決定的，如果被分配到外勤部門呢？」

爸爸聽了，笑了笑，說：「那也沒關係啊。即便你到了外勤部門，你還是有兩個選擇，一個是留在美國本土，另一個是分配到國外的軍事基地。如果你被分配到美國本土，那麼，你完全不用擔心。」

邁克又緊張地說道：「那要是被分配到國外的軍事基地呢？」

「如果這樣，你還可以有兩個機會。第一個是被分配到和平而友善的國家；第二個，你被分配到海灣地區。如果是前者，那麼你就什麼事情都不會有。」

邁克著急地說：「可是，我要是真的去海灣了呢？那我不就完蛋了嗎？」

「這怎麼可能？如果你留在總部，而不是上前線，那麼也不會有事。」爸爸輕鬆回答道。

「那我要是上前線了，這該怎麼辦？假設我還受了傷，那我以後該怎麼生活？」邁克又緊張問。

「受傷也分程度的。也許你只是輕傷，根本無礙。」爸爸說。

邁克還是不滿意，說：「那要是不幸身負重傷呢？」

「那很簡單，要麼保全性命，要麼救治無效。如果還能保全性命，還擔心什麼呢？」爸爸安慰道。

邁克最後問道：「天啊，要是救治無效，那我該怎麼辦啊？」

爸爸聽完，大笑著說：「這更簡單了。你人都死了，還有什麼好擔心的！」

聽了邁克爸爸的分析，你就知道，世界上根本沒有絕對的事情，也沒有什麼不可坦然的事情。邁克爸爸的話，讓我們明白這樣一個道理：在漫漫人生道路上，無論遇到什麼樣的際遇，我們都會有兩個選擇，一個是好機會，一個是壞機會。好機會中蘊涵著壞機會，壞機會中蘊涵著好機會。問題的關鍵是我們以什麼樣的眼光、什麼樣的心態、什麼樣的視覺來對待它。

人生在世，得失是人之常理，也是自然規律，我們不必耿耿於懷，不能坦然。你要知道，有失就必有得，你失去了權位和利益，卻能得到平靜、快樂的生活。失去不可挽回，但是開心卻是自己可以去把握的，為此，我們在功名利祿方面的得失，更應該坦然一些，豁達一些，千萬不可太介意，太看重，畢竟快樂才是人生的真諦。

# 堅持做自己

在日常生活中，很多人總是習慣與他人進行攀比，與別人比擁有財富的多寡，過日子是否過得幸福舒心。心理學家指出，一個人在與其他人進行比較的時候，會不自覺貶低自己所擁有的，無法欣賞和滿足自身的「財富」，這樣會讓人產生一種失落感。如此，很容易就將快樂和幸福弄丟了。其實，只要仔細用心去感受，世界上最精彩的生活就握在自己的手中。

在生活中，越攀比，你的快樂和幸福就流逝得越快。所以，從現在開始就擺正你心中的那桿秤吧，不要過分拿他人光鮮的表面與自己相比，學會坦然接受，接受生活中的點點滴滴，如果活在攀比之中，也會使你自己生活在迷茫和混亂之中。

王章程是著名的華裔數學家，在年輕的時候，他經常與同齡人一同赴美學習。在他二十三歲的時候，畢業於美國加州大學。與他一同畢業的同學，為了賺取更多的錢，都選擇留在美國大公司和大企業中，僅僅只有王章程一個人放棄了優越的環境和待遇，毅然回國。因為在他內心，他熱愛科學，熱愛國家，並且很早就立志要做一名一流的數學家。

剛剛回國的時候，他的工資少得可憐。當時的他，一方面要供養家庭，有時候會感到勞累至極，但是他依然堅信自己的理想，在數學研究的道路上艱難前行。一直在他三十歲的時候，還仍然同家人住在簡陋的地下室，生活平平淡淡，吃著最簡單的飯菜，穿著極普通的衣服。即便是這樣，也沒有動搖王章程內心的理想。雖然在這個時候，和他一起畢業的同學已然月收入達到幾十萬美元，甚至成了月收入百萬的小老闆。

王章程看到同學的成就後，並沒有感到失落，反倒是為他們高興。看著他們開著高檔的車子，擁著漂亮的妻子，王章程依然堅持著自己的理想。他知道自己想要的是什麼，他要朝著那個目標，一步步地走下去。

這樣的日子一直到三十五歲，他終於一舉解下兩道世界級數學難題，贏得了世界的讚譽，成為了著名的數學家。

王章程的經歷告訴了我們這樣的道理：別人的生活也許很輝煌，但那未必適合自己，自己有自己的精彩，不要用他們的成績來衡量自己，也不要苛求自己去超越別人，看淡了一切，你就能得到意想不到的快樂。

# 人生沒有過不去的坎

人生沒有過不去的坎，任何苦難，都會成為永久的過往。人的承受能力，其實遠遠地超乎我們的想像，如果不到關鍵時刻，我們很少能夠明白自己的潛力有多大。

有一位堅強的農村婦女，她在十九歲的時候結了婚。在二十五歲的時候，正好趕上日本帝國主義侵略中國，當時的日本在她們家鄉進行大掃蕩，她經常帶著兩個女兒和一個兒子過著東躲西藏的日子。村裡很多人受不了這種暗無天日的折磨，就選擇了自盡，而她會對他們說：「人生沒有過不去的坎，日本鬼子不會永遠這麼猖狂的。」

她終於熬到日本被趕出中國的那一天，但是，不幸又一次找上了她。在那艱苦的抗戰歲月中，他的兒子因為缺乏營養，又缺乏醫藥，因此生病夭折了。為此，丈夫躺在床上不吃不喝，而她卻流著眼淚說：「再苦的日子也要過，兒子沒了，咱們以後再生一個，人生沒有過不去的坎！」

幾年後，他們果然又生了一個兒子，但是就在兒子半歲的時候，丈夫卻因為患水腫病離開了人世。在這樣的打擊之下，她根本沒回過神來。最終還是挺過來了，她將三個未成年的孩子攬到自己懷裡，說道：「爹走了，娘還在呢，只要有娘在，你們就別怕，人生沒有過不去的坎。」

於是，她一個人含辛茹苦就把三個孩子拉拔大了，生活也漸漸好轉起來。在當時，兩個女兒也嫁了人，兒子也成了家。她逢人就興奮地說：「看吧，人生根本沒有過不去的坎，走過去了，一切都變好了。」她年紀大了，不能下地幹活，每天就在家裡縫縫補補，做做衣服。

但是，上蒼似乎一點不眷顧這位一生坎坷的婦女，她就在照顧孫子的時候，不小心摔斷了腿，因為年紀太大做手術太過危險，就一直沒有做手術，她每天只能躺在病床上面。兒女們都哭了，她卻說：「哭什麼，我還要好好地活著呢，人生沒有過不去的坎！」

即便是下不了床，她也沒有怨天尤人，而是靜坐在炕頭上做針線活。她織圍巾，會繡花。會編織手工藝品，左鄰右舍的人都誇讚她手藝好，還跟著她學手藝。

她活到了九十歲，在臨終時，就對兒女們說：「你們要好好過，人生沒有過不去的坎。」

每個人都是在遭遇一次次的重創之後，才猛然發現自己是如此堅毅。為此，我們說，人生無論遇到什麼樣的磨難，都不要一味抱怨，抱怨上蒼的不公，甚至從此一蹶不振。我們要銘記：人生沒有過不去的坎，只有過不去的人，一切的苦難，都會過去的。

# 用好人生的減法

人之所以太累是因為不懂得放棄，要想使自己活得輕鬆，就要給人生做一次減法。做好人生的減法是一種大智慧，減去了精神的負擔，整個人就輕鬆了、自由了。

吉姆・特納是美國萊斯勒石油公司的總裁，在他四十歲的時候，他所繼承的公司總資產達到了三十多億美元。面對如此寵大的巨額財富，很多人都認為這位新上任的總裁一定會在自己的有生之年大幹一番事業，讓公司再上一個臺階。但結果卻出乎意料。

吉姆・特納並沒有刻意為公司做事，而是及時地放下，給自己的人生做了一個減法。他先組建起一個評估團，對公司資產做了全面盤點，然後以五十年作基數，在資財總和中先減去自己和全家所需、社會應承擔的費用，再減去應付的銀行利息、公司剛性支出、生產投資，等等，一切評估做完後，他發現還剩下八千萬美元。剩餘的錢如何用？

他先拿出三千萬為家鄉建一所大學，餘下的五千萬全部捐給了美國社會福利基金會。人們對他的行為表示了不理解，他卻說：「這筆錢對我已沒有實質意義，用了它就減去了我生命中的負擔。」

在公司員工的印象中，吉姆．特納從來沒有愁眉苦臉、唉聲歎氣的時候。太平洋海嘯，給公司造成一億多美元損失，他在董事會上依然談笑風生，說：「縱然減去一億美元，我還是比你們富有十倍，我就有多於你們十倍的快樂。」

吉姆．特納活到八十五歲悄然謝世，他在自己的墓碑留下這樣一行字：最令我欣慰的是我能在最後幾十年為自己做了減法人生！

吉姆．特納正是在適合的時候，給自己的人生做了一個減法，才獲得了幸福和快樂。如果我們也能像其他人一樣，在有生之年大幹一番，只「拿」，不「放」，那麼，他人生的最後幾十年可能要在痛苦和煩惱中度過了。

苦苦挽留夕陽的，是傻子；久久感傷春光的，是蠢人。什麼也不願放棄的人，常會失去更珍貴的東西。人生的減法是一種境界。人到無求品自高，一個不為個人聚斂財富，只讓金錢造福世人者，追求的是「大我」，顯示的是「無我」，這種崇高的思想境界，令所有人敬仰。

# 切勿活在別人的眼光中

生活中，很多人都很在乎他人對自己的評價，為了能在別人眼中變得「完美」一些，可謂費盡心機。但是，要知道你如此小心，還是會有人對你產生不滿，為此我們不需要為此而傷神，活在別人的眼光中，只會把自己搞得身心疲憊。

父親和兒子商量好，要把家裡的驢趕到市場上去賣。

在路途中，他們沒走多遠，就聽到有一群婦女在路邊談笑，只聽到一位姑娘說道：「嘿，快來看啊，你們見過那樣的傻子嗎？有驢不騎，寧願自己在地上走路。」聽到這話之後，農夫就立刻讓兒子騎上驢，自己高高興興在後面跟著走。

一會兒，他們又遇到一群老人在談笑，突然聽到一位老人說：「你們快來看啊，現在的老人真是太可憐了，看那些懶惰的孩子自己騎著驢，卻讓老父親走路，真是太不孝順了。」聽到這話之後，父親連忙讓兒子下來，自己騎上去。

又走了一會兒，他們又遇到一群孩子七嘴八舌叫喊：「嘿，你們看啊，這個狠心的傢伙怎麼可以自己騎在驢身上，讓這個幼小的孩子在地上走路呢？」農夫就立刻叫兒子上來，與他一同騎在驢背上。

當他們快走到市場上的時候，一個城中人大叫道：「大家快來瞧啊，這頭驢簡直太悲慘了，竟然一下子馱著兩個人，牠是你們自己的驢嗎？」另一個插嘴道：「哦，誰能想到他們會這麼折磨驢呢，依我看，他們兩個抬著驢走還差不多！」於是，農夫和兒子就急忙跳下來，他們用繩子捆住驢子的腿，將驢子抬了起來。

他們賣力想把驢抬過鬧市入口處的小橋邊，又引來橋頭上一群人的哄笑。這個時候，驢子受了驚，奮力掙脫繩子的捆綁，撒腿就跑，卻失足掉進河中。農夫最終惱怒又羞愧地空手而歸了。

農夫的行為無異是可笑的，因為總是活在別人的眼光中，一味去迎合他人，不僅把自己搞得疲憊不堪，最終落得可悲的下場。對同一件事物，世界上每個人都有自己的看法和見解，你如果迎合別人，活在別人的眼光中，只會置自己於煩躁和痛苦之中，結果還會讓周圍的人都有意見，而且還對你產生不滿。

每個人的利益都不一致，每個人的立場，每個人的主觀感受是不同的，所以我們想面面俱到，不得罪任何人，又想討好每一個人，那是絕對不可能的！

在任何時候，不必讓每個人都滿意，凡事盡心，按照自己的意願去做，簡簡單單地過好自己日子就行了。否則，只會像故事中的農夫一樣，費盡周折之後，還是讓所有人對他不滿。

# 別讓「仇恨」的牢籠囚禁了自己

俗話說：「天下沒有解不開的疙瘩，沒有打不破的堅冰，沒有過不去的火焰山。」

有人說，「仇恨」是一座牢籠，心中裝著它，它會囚禁你的整個人生。的確，「仇恨」是一種陰影，一種難堪，一種痛苦。以一顆平和之心對待他人，生活一定會輕鬆。人生短短數十年，千萬不要讓仇恨囚禁了自己。

十九世紀，美國有一位著名的建築大王叫凱迪，還有一位有「飛機大王」之稱的克拉奇，兩個人是很要好的朋友。

剛好凱迪有一個女兒，而克拉奇有一個兒子，因為兩家的關係緊密，所以兩人就打算撮合他們的兒女成婚。但是，這兩個年輕人關係進行得並不順利，吵架打鬧是經常的事情。因為兩家都是名流巨富，對於兒女們的這種關係，讓凱迪和克拉奇大傷腦筋。

但是，令所有人沒想到的是，凱迪的女兒竟然被人毒害，而據警方詳細調查後，殺人兇手正是克拉奇的兒子。為此，克拉奇的兒子被關進大牢中，兩家人的身心因此受到沉重的打擊。

從此以後，兩家的關係就變得極為緊張，他們的生活也變得暗無天日。令凱迪一家較為惱火的是，克拉奇的兒子卻從來不承認自己殺害了凱迪的女兒，而克拉奇也極力為兒子的罪行拚命奔走上訴。如此一來，兩家結下深仇大恨，兩家人也開始進行明爭暗鬥的較量，雙方都損失慘重。

一年以後，法院做出終審，克拉奇的兒子因謀殺罪而被判終身監禁。克拉奇為了不讓自己的兒子一輩子都待在監獄，為了消除兒子的罪行，又千方百計，拐彎抹角地不惜重金為凱迪一家做經濟補償，以求得凱迪能到監獄去為兒子說情。

但是，每當凱迪拿到克拉奇家族的一筆補償金的時候，就像是接過一把刀刺自己的心那樣悲痛難忍。凱迪也不停地埋怨自己當初怎麼就看錯了人。而克拉奇的全家也是天天都生活在自責之中。

就這樣兩家人的心情總是被巨大的陰影所籠罩，凱迪與克拉奇沒有真正笑過。他們承認為此付出的心理代價是任何金錢也換不回來的。

然而，就在他們苦苦承受了二十多年的痛苦後，最終的事實證明，凱迪女兒的死，並不涉及善惡情仇。凱迪與克拉奇面對這樣的結果，都說了同樣的話：「二十多年來，我們所受的心靈上的折磨是我們永遠支付不起的！」

二十多年，是多少個黑髮變成白髮的日日夜夜啊！這是用任何財富都支付不起的。如果兩家能及時放開仇恨，便不會受如此多的折磨和煎熬了。

人與人之間不可能天生就是仇人，只不過是因為一些生活中的矛盾或者摩擦而不能釋然罷了，其實，你完全可以大度拋棄這些，不值得你再用其餘的生命再去支付過往的痛苦。否則，只會讓你痛苦一輩子，在折磨中度過一輩子，將自己囚禁在牢籠中，永遠得不到解脫。對於生活中的過節，你完全可以多些理解和忍讓，疙瘩終會解開，冰雪終會消融。

# 以溫柔優雅的態度生活

溫柔優雅是對生活的一種淡然的態度，它是一種祥和的生活狀態，不苛刻，不枉求，是一種自由自在，安靜淡然的生活狀態。現實生活中的很多人都缺乏這種態度，他們看待任何人和事，總是戴著有色眼鏡，過分計較功利之心，最終讓心靈蒙上了灰塵。

有一位花匠，他家的庭院中種了一棵葡萄樹，結了很多的葡萄。那個花匠很是高興，於是就摘了些準備送給他人品嘗，只是想讓別人分享一下自己的這份心情。

有一天，一位商人經過他家門口，花匠就送給他一些葡萄，那商人一邊吃，一邊誇讚道：「好吃，好吃，多少錢一斤？」花匠說不要錢，但是商人堅持把錢給了他。

第二天，一位幹部經過花匠家門前，花匠送給他一些葡萄，那位幹部接過葡萄後沉吟了良久，問：「你有什麼事情需要我幫忙嗎？」花匠再三表明沒有什麼事情，只是讓他品嘗而已。

於是，花匠又將一些葡萄送給了一位少婦，這位少婦接過葡萄時，有點意外，而她的丈夫在一旁一臉警惕，看樣子，他很不歡迎花匠的作為。

接著，花匠又將葡萄送給了一個過路的老人，老人吃了一顆之後，摸了摸白鬍子說聲：「真是不錯，夠甜！」就頭也不回地走了。

那花匠高興極了，他終於找到了一位能夠真正與他分享心情和快樂的人，一個用溫柔優雅的態度生活的人。

你看世界是什麼，你就是什麼。如果你覺得世界亂了，是因為自己的內心亂了，一味地感慨人情淡薄是因為自己變得「薄情寡義」了。生活中，我們如果待人多一份溫暖，多一份恩情，即使世界變得再混沌，也要生活得自在，重要的是每天面對生活的態度，以溫柔優雅的態度生活。懂得生活是一種品位，摘下你的「有色眼鏡」，你的面前將會呈現出一片純淨的世界。

多數時候，當我們面對傷害自己的人，千萬不要被仇恨所蒙蔽，心中切勿充斥報復，但是在報復對方的同時，何嘗不是在傷害自己呢？當我們身陷其中，就會變得無比的沮喪。如果我們能夠以溫柔優雅的態度生活，少一些功利，少一些私心，做一個有品位和優雅的人，那麼，你的人生將會無比的愜意。

# 再苦，也要笑一笑

「再苦也要笑一笑」是對生活的一種樂觀態度。一位作家說，日子苦並不可怕，可怕是人心苦。為此，無論處於什麼樣的環境中，都別忘記提醒自己：只要樂觀的精神還在，再苦的日子也是甜。無論遭遇什麼樣的不幸，只要能夠撐過去，就能看到勝利。

一位富家千金小姐，從小養尊處優，過著錦衣玉食的生活。從來沒為任何事情擔心過，身邊的僕人成群，每天只是看看書，賞賞花，喝喝茶。很不幸的是，因為種種原因，她家道中落，一夜之間，她從一個富家小姐淪為街頭的流浪者。再後來，她淪為一個要到鄉下挖魚塘清糞桶才能生活的人。

面對如此巨大的生活反差，她沒有唉聲歎氣，而是微笑面對。

幾年過去了，她不再是當年那個美麗優雅的千金小姐了，歲月帶走了她姣好的面容，時光粗糙了她嬌嫩的雙手。可是，她喝茶，賞花的習慣仍舊沒有改變。但是家中一貧如洗，再也沒有當年用來烘蛋糕的電烤爐，該怎麼辦呢？她就自己動手，用一隻鋁鍋在煤爐上蒸蒸烤烤，儘管沒有控制溫度的條件，她卻烤制出了美味可口的西式麵包。然後，又將麵包切片，再在煤爐上架上條條的細鐵絲，將麵包片放在上面，做得香噴噴的麵包吐司。

在這個時候，她總是怡然自得地享受著貧苦生活中獨有的喜悅，已經完全忘記了自己生活的清苦，享受著點點滴滴的幸福。

再苦也要笑一笑，什麼煩惱便沒了。要知道，苦與甜都是生命中一種狀態，若沒有苦難，人生就會少幾許自尊和堅強；若沒有挫折，生命便少了幾分成功之後心動的喜悅；如果沒有滄桑，那麼人生就缺乏幾分同情，幾分感動；為此，切莫總是苛求生活按照我們想像的狀態發展，要知道，每個人都不可能四季如春。經歷了春天的溫暖，就必須要等待對夏日烈火的考驗，收穫了秋天的果實，就必須要忍耐冬日的嚴寒。但回過頭來你會發現，夏天雖然酷熱，但卻也有著如火的熱情；冬天雖然嚴寒，但是卻也有一份美麗的存在，這些都能帶給我們無限的遐想與感受。

# 永遠不要羨慕別人的生活

幸福和快樂如飲水，冷暖自知。為此，我們永遠不要去羨慕別人的生活；同時，也永遠不要去評價別人是否幸福，即便那個人看起來孤獨無助。你不是對方，怎麼知道對方走過的路，看過的風景，如何得知對方真實的苦與樂。

泰戈爾說：「鳥願為一朵雲，雲願為一隻鳥。」在任何時候，我們都不要去羨慕別人，因為你看到的只是對方光鮮的表面，根本無法體會對方的痛苦。

有一隻公雞，個頭很小，卻野心勃勃。牠很是羨慕那些強者的生活，它也總是夢想著自己也可以變成像森林中的獅子一樣強悍的動物。

但是，無論如何努力，牠的夢想絲毫沒有進展。於是，牠開始無休止的抱怨，佛祖聽到了，便來到凡間，站在公雞的面前，問道：「在我的眼中，眾生皆平等，你為何總是羨慕他人的生活呢？」

公雞回答道：「佛祖，祢高高在上，受萬物的膜拜，如何能夠理解我們這些弱小者的痛苦呢？我每天都生活在潮濕又陰暗的雞棚中，每天都要吃那些人們隨手丟棄的米糠類食物，還時不時被人到處驅趕，多數情況還要餓肚子，還有被宰殺的危險。我實在不想過這種低下的生活了，求祢趕緊讓我變成像獅子那樣強大的動物吧！」

佛祖說：「你為何羨慕牠們的生活，要知道，牠們也在為自己的身份而苦惱不堪。」

公雞以為佛祖在欺騙牠，便說：「獅子那麼強悍，每天有肉吃，有舒服的洞穴可以住，還用羨慕誰呢？」

佛祖聽罷，就領著公雞來到一片大草原上面。不遠處，有一頭獅子正在怒吼，牠之所以如此生氣是因為身上那些蚊蟲與蝨子正肆無忌憚吸食牠的鮮血，而自己卻無計可施；另一邊，公雞也看到一頭母獅子正在拚命追逐著一頭鹿，牠張著大口卻依然無法捕到獵物，最終因為饑餓而倒下了。

看到這樣的情況，公雞就歎道：「原來牠們的生活還不如我的清閒自在。我真的不用羨慕牠們了。」

很多人就如同故事中的公雞一般，只看到了強者的光彩，卻從來沒有想過強者身後所要付出的痛苦和辛酸。正如佛祖所言，在我的眼中，眾生都平等，無須去羨慕他人。

# 無人欣賞，也要為自我喝彩

有一首歌是這樣唱道：「想唱就唱，要唱的響亮，就算沒人為我鼓掌，至少我還能夠勇敢的自我欣賞！」這話是告訴我們，要學會自我欣賞，即便沒有任何人看好你，也要勇敢追逐自己的夢想。

在生活中，我們切不可過分在意他人的眼光，無論別人如何看你，都不可悲觀失望，要不斷給自己打氣，相信自己，懂得自我欣賞，這樣才能達到人生頂峰，才能活出自我的精彩。

玲玲是個極度自卑的人，總覺得自己事事不如人，也沒有什麼特殊的才能，沒有特長，而且什麼事情也做不好。每次與朋友在一起的時候，總是很膽怯，害怕她們嘲笑自己，因為她覺得自己不僅笨，而且還長得不漂亮。

每天，她都低著頭走路，就連與他人說話，聲音也很小聲。

有一次，朋友聚會，讓玲玲去參加。聚餐完之後，大家建議一起去唱歌，在唱歌時，她的朋友麗麗就將玲玲叫了起來：「玲玲，其他人都唱了，我聽說你唱歌很不錯，現在就給大家唱一個唄！」大家也跟著起鬨，讓她唱一首。其實，玲玲唱歌很不錯，嗓音也很好，但是由於自卑，很少在別人面前顯露自己的才藝。

看到大家鼓勵她，玲玲只好拿起麥克風唱了起來，雖然唱得有些生硬，但唱了幾句後，大家都沒想到玲玲唱歌這麼好聽，紛紛鼓起掌來。唱完一首之後，朋友們又讓玲玲唱了一首。

麗麗跟玲玲說：「玲玲，你唱歌真棒，其實你有許多優點，為什麼自己看不見呢？其實不管別人是否欣賞你，你首先就要學會欣賞自己，重視自己。」此次之後，玲玲的確開朗了許多，由於性格變得開朗了，在工作上也有了很大的進步。

生活之中，很多人之所以不懂得欣賞自己，是因為他們的眼睛總是盯著別人最出色的地方，有時，即使對方一點也不優秀，他們也會找出一些別人有，而自己沒有的優勢去欣賞別人，從而忽視了自己的美麗。

我們一定要學會欣賞自己。要欣賞自己，首先要學會重視自己，無論自己天生是美還是醜，無論自己是偉大還是渺小，都要足夠地重視自己。因為你的就是你的，別人再美，再優秀，那都是別人的，你也只有重視自己，欣賞自己，才能活得更快樂。要知道，一個人連自己都看不起自己，就別奢望別人對你看重了。

# 心開，路就開

一位哲學家說：「在人生絕望的那一刻，往往是新的希望的開始。一切危機的盡頭，往往是轉機，山窮水盡的地方，往往會柳暗花明。」也就是說，這個世界上從來沒有真正的絕境，也沒有真正的痛苦，有的只是絕望的思維，痛苦的想法，只要心靈不乾涸，心中還有陽光，只要心開了，前方的路也就開了。

智利北部有一個叫邱恩宮果的小村子，這裡西臨太平洋，北靠塔克拉瑪干沙漠。由於本地特殊的地理環境，使太平洋冷濕氣流與沙漠上的高溫氣流終年交融，形成了多霧的氣候。

但是濃霧絲毫滋潤不了這片乾涸的土地，因為白天極為強烈的日光能將濃霧蒸發。

一直以來，這處長久被乾旱征服的土地上，看不到一絲綠意，人們幾乎看不到一絲生機。幾年後，加拿大生物學家羅伯特在進行環球考察的過程中，意外地發現了這片荒涼的土地。

看到如此乾涸的土地，他很是好奇，就在當地住了下來。不久後，他發現了一種十分奇異的現象：這裡除了蜘蛛幾乎看不到任何其他的生物。這裡處處蛛網密佈，蜘蛛四處繁衍，生活得極好。

這位生物學家頓時對這裡的蜘蛛產生好奇，為什麼只有蜘蛛才能在如此乾旱的環境中生存下來呢？後來，羅伯特借助電子顯微鏡，他發現這裡的蜘蛛具有很強的親水性，很容易吸收霧氣中的水分，這裡的霧水就是這些蜘蛛在這裡生生不息的源泉。

後來，在智利政府的支援下，羅伯特根據蜘蛛的吸水性原理，研製出一種人造纖維網，選擇當地霧氣最為濃厚的地段排成網陣，就這樣，穿行其間的霧氣被反覆攔截，最終形成大量的水滴，這些水滴滴到網下的流槽裡，經過過濾，淨化，成為可供生物存活的新水源。

如今，羅伯特的人造蜘蛛網平均每天可截水達到一萬多公升，如果是在濃霧天氣，每天可以截水十多萬公升，不僅滿足了當地居民的生活需求，還可以灌溉土地，讓這片昔日滿目荒涼、塵土飛揚的荒漠長出了鮮花與蔬菜。

其實，這個世界上本來就沒有真正的絕境，再荒涼的土地，也會有生機勃勃的綠洲。對於人生來說，這個世界中也沒有真正的絕境，只要心開，路就開。

為此，我們在遇到困境時，一定不要讓心靈乾涸，將心中的夢想熄滅。要知道，人在失意的時候，體內的潛能最容易被激發出來。

# 男兒有淚也輕彈

有首歌的歌詞是這樣敘述：「男人哭吧哭吧哭吧不是罪，再強的人也有權利去疲憊，微笑背後若只剩心碎，做人何必做得那麼狼狽！」哭泣並不是軟弱的代表，而是情緒的正常的宣洩。為此，生活中，當心太過疲憊的時候，不如大哭一場將心中的煩惱與痛苦宣洩出來，釋放自己，讓自己輕鬆起來。

在現實世界中，很多人為了證明自己的堅強，往往忍受著痛苦而不讓眼淚掉下來。在他們的潛意識裡，哭代表軟弱，哭代表認輸，哭代表一種不成熟。他們不允許自己軟弱，不允許自己認輸。難道，不哭泣，不掉眼淚，就代表自己堅強，成熟嗎？未必。

一個國家的國王為給女兒挑選一個滿意的夫婿，就舉行了一次全國性的比武招親大賽。全國的勇士都前來參加，一位叫阿強的勇士也參加了。在比武中，阿強用自己的武藝戰勝了所有的對手，取得了第一名的好成績。

當然，打敗了那麼多的高手，他自己也受了傷，但是他為了顯示自己的堅強，就咬緊牙關，連一滴眼淚也沒落下。

當他被帶到公主面前時，身上還不斷流著血。所有的人都認為公主會把他當作首選，想不到公主卻淘汰了他：「我怎麼可能選一個不會哭的人做我的夫婿？」

士兵反問：「哭是代表自己的軟弱，勇士是從來不會哭的。」

公主說：「大錯特錯，一個人如果不會哭，也就不懂得釋放自己。你不會哭，並不說明你堅強和快樂，恰恰相反，它說明你已經麻木。會哭的人還有希望與愛，而不會哭的人卻沒有。連哭的勇氣都沒有，這樣的人怎麼能給別人幸福，這樣的人怎麼能說明是一個真正的勇士。」

當一個人受了委屈，或是精神上受到某種刺激的時候，克制著自己不用眼淚來宣洩情緒，而是把痛苦壓抑在心裡，時間久了，他的精神負擔會越來越大。一味地忍耐，會出現精神上的不濟，情緒上的低落，甚至是崩潰。

美國聖保羅・雷姆塞醫學中心精神病實驗室專家認為，一個人在情緒抑鬱和煩躁的時候，體內會積蓄一種毒素，這種毒素對人體的危害是極大的。流淚則可以有效將這種毒素清除掉。把體內的毒素排除以後，人們就能獲得心理上的輕鬆，保持心情舒坦。

人與人都是平等的，任何人都會有脆弱的時候，再強的人也有疲憊的權利，懂得哭泣的人並不代表是弱者，而是上天賦予每個人發洩壞情緒的方式。為此，我們還是及早放下「男兒有淚不輕彈」的錯誤觀念，好好呵護自己那顆柔軟的心吧！

# 懂得自我安慰

每個人都會被生活中不順心的事所纏繞，當心情處於極度的煩躁、鬱悶和痛苦的時候，並不是每個人都能受到他人的關注。在一個人默默忍受痛苦，當痛苦無處宣洩的時候，如果不懂得自我安慰，自我調解，不好好善待自己，我們的意志可能會慢慢消沉，我們的人生也可能陷入一片沼澤之中。

在日常生活中，當我們被煩惱和痛苦纏繞的時候，也一定要學會自我安慰，這樣才能夠排除困擾心靈的煩惱。人要尊重自然規律，面對社會現實。由於財富、地位、人際關係的差異，世界上沒有絕對的公平，相反地，有時不公平的事比公平的事還要多，這就是現實。

俄國作家契訶夫這樣寫道：「要是火柴在你口袋裡燃燒起來了，那你應該高興，而且還要感謝上蒼，多虧你的口袋不是火藥庫。要是你的手指紮了一根刺，那你應該高興。挺好，多虧這根刺不是紮在眼睛裡。」

很多情況下，我們不能減少不順心的事情，但我們完全可以以自我安慰的形式，讓自己不要那麼痛苦。那些懂得自我安慰的人，是很容易在失敗和困境中降低自己的挫折感的。

世界上那麼多人，每個人在自己的世界都是巨大的，可是在別人眼裡通常又是微不足道的。我們不能期許命運之神的特別眷顧，如果我們不能從外界得到救贖，起碼我們還可以自我安慰！記住，當你痛苦，卻又被所有人忽視的時候，一定不要忘記，你還可以自己安慰自己。

第六章

# 拋卻憂慮，切莫庸人自擾之

我們時常感到心累，是因為想得太多，憂慮太多。我們總是會為昨天的事情耿耿於懷，對明天還未發生的事情擔心。要知道，昨天已經是過眼雲煙，再如何悔恨也無濟於事，所以，我們不必為過去的痛苦而錯失當下的美麗時光。明天還是個未知數，再怎麼惶惶不可終日，也不過是自己的空念。只有今天，才是實實在在擺在我們面前的，也只有認真過好當下的時光，才能夠獲得快樂的人生。

# 莫悲觀是自釀的苦酒

哲學家說：「快樂和悲傷都由心所生，它不會受到任何理由所影響，悲觀完全是自釀的苦酒！」生活中，任何的煩惱和快樂都由你的內心所決定，如果用悲觀的心態看待事物，最終得到的也只能夠是煩惱和痛苦，而如果你能夠用積極的心態看待事物，就能夠得到快樂和滿足。

艾倫・希伯來有兩個可愛的兒子：大兒子盧卡斯是個悲觀的人，平時總是憂心忡忡的；二兒子雷奧卻是個積極樂觀的人，每天總是以微笑示人。

一年的耶誕節來臨之前，艾倫・希伯來要送兩個兒子心愛的禮物。在當天夜裡，他就把禮物掛在家中的聖誕樹上。第二天早晨一起來，兄弟倆就都起來了，都想著父親會送給自己什麼樣的禮物。父親送給哥哥盧卡斯的禮物有很多，有空氣槍，還有一輛嶄新的自行車和一個十分漂亮的足球。而哥哥就將自己的禮物一件件地取下來，但是臉上卻沒有絲毫的表情，看上去憂心忡忡的。

見狀，父親就問盧卡斯：「這些禮物都不是你所喜歡的嗎？」盧卡斯憂心忡忡地說道：「你自己看看吧！我拿著空氣槍出去玩的話，一定會打到別人，難免會給自己招來禍端。還有這輛自行車是很好玩，但是我說不定會撞到牆上，摔跟頭；而這個足球，我終究會把它踢爆。」父親聽罷，喪氣地走出去了。

剛剛出門，就看到小兒子雷奧，他好像一個快樂的天使似的。然而，他除了收到一個紙包，什麼也沒有。當他打開紙包之後，就哈哈大笑了，一邊笑一邊跑，好像在院子中尋找什麼。父親就問他：「你為何如此高興？」他說：「我得到了一包馬糞，咱們家中一定藏著一頭小馬。」最終，雷奧果然在庭院後面找到一匹小馬，然後興奮地跳起來。隨後，父親也跟著大笑起來。

看事物的角度不同，就能生出不同的結果！樂觀和悲觀都是你內心所生，它與外界事物的好壞和境遇的順逆沒有多大的關係。悲觀的心理，不管得到什麼，都不會感受到絲毫的快樂。可以說，悲觀是自己釀造的苦酒，怨不得周圍的任何人與事。同樣，快樂也來自於我們的內心，它並不是非要依靠外物才能夠得到。

其實，快樂也是一天，悲傷也是一天，與其煩惱悲傷地過，不如快樂地活。快樂與悲傷都是由我們內心所定，我們要想活得快樂，就應該及時清掃心中那些繁雜的陰暗的情緒，讓自己快快樂樂地過完當下的時光。

# 不為明天憂慮

佛語有云：「這個世界上沒有任何人會給你煩惱，除了你自己！」就是說，所有的煩惱都是自找的，都是你心靈的「滋生物」，和外界的任何事物都無關。

《聖經》裡有這樣一句話：「不要為明天憂慮，明天自有明天的憂慮，一天的難處一天當就夠了！」然而，生活中，我們經常會被還未發生的事情煩惱和擔憂。然而，這些煩惱和擔心都是多餘的，它們並不會真的發生。

俗話說，車到山前必有路，船到橋頭自然直。許多煩心和憂愁都是自己給自己綁的繩索，是對自己心力的無端耗費，就如同自我設置的精神陷阱。懷著憂愁度過每一天，設想自己可能會遇到的麻煩，只會徒增煩惱。

漫漫人生道路就如同一座獨木橋，只能夠承載今天的重量，假如你再加上明天的重量，橋必定會轟然倒塌。所以，千萬不要想太多未來的事情，不要顧慮太多，只要好好地享受、欣賞現在的生活就行了。活著的意義就是好好過好當下。當事情還未發生的時候，我們根本無須擔憂，就算事情真的發生了，也可能會因為一些其他的事情而改變，使事情往好的方向發展。

# 用行動驅逐「心魔」

行動是驅散心魔的最佳良藥！生活中，當我們受諸事煎熬的時候，要學會好好利用當下的時光，將所有的「行動」都付諸「當下」，心魔自然就煙消雲散了。

一位年近七十歲的老婦人，正值古稀之年，應該是享清福的時候，然而，她卻遭受了平生最大的苦難。丈夫突然去世，當她正沉浸在喪夫之痛時，接下來的打擊更是讓她的精神幾近崩潰：首先是她的幾個子女為遺產繼承問題鬧得不可開交，而且大打出手；接著是丈夫生前所經營的公司倒閉，欠下一大筆債務。為了還債，她只能賣掉家中所有值錢的東西。這一系列的不幸，讓她每天鬱鬱寡歡，她不知道自己以後怎麼走下去。

她每天都擔心別人嫌她太老，擔心因為動作遲緩不願意雇用她，這些擔憂令她每天茶飯不思，多數時候還會懷念丈夫在世的歲月。因為懷念而生悲痛，讓她痛不欲生，久而久之，貧窮、疾病和孤獨全部被請進了她的生活。

她住進醫院，醫生了解她的情況之後，就對她說：「你的病是因心而生，需要長時間住院治療才成。但是，你又沒多少錢，我看這樣吧，從現在開始，你可以選擇在醫院做臨時工，以賺取一些醫療費用。」

她就問道：「我能做什麼呢？」醫生說道：「你就每天打掃病人的房間吧！」

於是，她開始手握掃帚，每天不停忙碌。慢慢地，她內心恢復了平靜。她開始忙碌起來，每踏進一間病房，就開始目睹一次他人的病痛與折磨，心也漸漸豁亮。因為她覺得自己是所有病人當中情況最好的。慢慢地，她不再擔心自己了，因為實在太忙碌了。對於她來說，現在反而煩惱和擔心都沒有了。

就這樣，她用一個月的時間徹底驅散心理和生理的病魔，接下來，她誠心說服醫院讓她留了下來。她就在醫院清潔員的崗位又待了三年時間。因為經常接觸病人，她對病人的心理很是了解。三年以後，她就被院方聘請為心理諮詢師。心魔、病魔、孤獨徹底離她而去，她沒想到自己在垂暮之年，人生還能再次散發光亮。

無可否認，行動是驅散心魔的最佳良藥，是擺脫煩惱和憂愁的最好的方法。如果你還在為未來不確定的事情而擔憂，那麼，就趕快行動起來吧！

# 別讓焦慮毀了你的生活

現代社會中，我們的心會不知不覺陷入焦慮之中：為當下焦慮，因為害怕失去；為未來焦慮，因為未來充滿了不確定性，我們擔心失去，害怕損失。其實，你的焦慮不能解決任何問題，如果你時不時地會焦慮，那就趕快轉變心態，千萬別讓焦慮毀了你的生活。

在遙遠的撒哈拉沙漠有一種特殊的灰色沙鼠，與其他鼠類不同的是，牠有一個特殊的習慣：每當沙漠的旱季開始來臨的時候，它們都要到各處去採集大量的草根囤積起來，這樣能使牠們在乾旱的季節生存下來。但是，讓人感到奇怪的是，哪怕自己所囤積的草根早已經足夠自己度過旱季了，沙鼠們還是會不停地尋找草根，並將草根運回洞穴之中。對牠們來講，好像只有這樣才感到踏實。否則，沙鼠們就會處於焦慮的情緒不停嗷嗷叫。

後來，研究人員發現，這種沙鼠進行大量的草根囤積是因為天性使然。在這種焦慮的影響之下，牠們會囤積比實際需求量多幾倍，甚至幾十倍的草根。事實證明，沙鼠這種多餘的勞動是毫無任何意義的，這些草根往往在旱季之後還剩下許多。

這些不安往往不是來自於眼前，而是源於對未來的擔憂。總是在不停地為還未發生的事情而發愁、焦慮，總是為了自己將來而焦慮。如果你正處於這樣的狀態，一定學著改變，調適心態。要明白，焦慮是導致人類壽命縮短的最大因素之一，因為焦慮往往與抑鬱、緊張、驚恐等各種傷害身心的負面情緒緊緊相連。

總之，焦慮，是庸人自擾的一種負面情緒，也許，這種舉動在某些時候可以讓我們對現實產生一種抵抗力，但是畢竟可以安然面對這種焦慮而不為所動的人少之又少。為此，面對焦慮，我們一定要學會以正確的方式調節這種負面情緒，讓自己的心情往好的一面喔！

# 快樂就在舉手投足間

快樂和悲傷只在一念之間！一個人快樂，還是悲傷，皆是因為心態的不同。悲觀的人，無論得到什麼，無論處於怎樣的順境中，都會愁苦抱怨；而樂觀的人，無論失去什麼，無論在怎樣惡劣的環境中，都能由衷地微笑。為此，要獲得快樂，首先要改變你自身的心態。

風神之子西西佛斯因為蔑視眾神，被罰到奧林帕斯山做一項永無止境的苦役工作。就是把一塊巨石從奧林帕斯山徒步推到山頂，但是因為眾神詛咒的力量，巨石每當推到山頂的剎那間，就會自動滾落到奧林帕斯山下。每天重複周而復始的動作，任務好像永遠沒有結束的一天。西西佛斯每天都感到痛苦難忍，忍受著靈魂的折磨。

然而，有一天，當西西佛斯正在全力以赴地做這項苦役般的工作的時候，他突然覺得自己搬巨石的動作是那麼和諧，那麼優美。他開始專注觀察自己的每一個動作，有一種獨一無二的尊貴與滿足。這個時候，他所有的疲憊、勞苦和絕望都消失得無影無蹤，他欣賞而且享受著這份苦役，不再抱怨和焦慮了。

正當他快樂、滿足地欣賞自己的每一個動作時，奇妙的事情發生了，詛咒在一剎那間徹底解除，巨石不再滾回山下，西西佛斯也從永無止境的苦役中解脫出來。

現實生活中，我們是否也有一種感覺，感到自己的命運和生活就像西西佛斯的命運一樣，重複沒完沒了的事情：青春激昂的夢想被淹沒在瑣碎的永無了結的凡事之中，使人時時都處於一種欲望與怨恨之中，周而復始，我們便真正成為了人間的西西佛斯，生活就是那塊不斷滾動的巨石。這個時候，你的內心充滿了絕望和悲觀。然而，如果你能用欣賞的眼光去對待生活中的每一天，每一件瑣事的時候，完全可以讓你從疲憊和困苦中解脫出來，用精彩的心情去過每一天，生活的精彩就會顯現出來。

# 不必為打翻的牛奶哭泣

生活中，很多人因為經歷了傷痛、磨難和挫折，便經常將自己沉浸在痛苦之中，拿過去的傷痛去折磨自己，讓心靈沉重不堪。

其實，這種做法是在拿過去的痛苦來懲罰自己，只有學會及時忘記過去的傷痛，才能獲得快樂輕鬆的人生。

成功學大師戴爾・卡內基在事業剛剛起步時，曾經在美國的密蘇里州舉辦一個成人教育班，因為剛起步缺乏管理經驗及財務常識，他將大筆的資金用於廣告宣傳和日常的基本開支的時候，卻發現自己賠錢了，儘管他的成人教育班在社會上的反映是極好的。得知一連數月的辛苦居然沒有任何回報時，卡內基為此極為苦惱，他不斷抱怨自己的疏忽，整天悶悶不樂的，已經無法將事業進行下去了。最終，卡內基去找他的老師求助心理幫助，老師對他說：「在任何時候都不要為打翻的牛奶哭泣。」

老師的這句話如醍醐灌頂，卡內基的憂愁和痛苦也頓時消失，重新振作，全身心投入事業，最終取得成功。

「不要為打翻的牛奶哭泣」，它與中國的「覆水難收」差不多意思，這些話聽起來很是輕鬆，做起來卻很難。

在任何時候，做好當下的事情是最有意義的事情。很多時候，我們固然不能左右現實，但卻可以改變心情；我們不能改變容貌，卻可以展現笑容；固然不能控制他人，卻可以掌握自己；我們不能樣樣都勝利，卻可以事事盡力；我們不能決定生命的長度，但是我們可以控制生命的寬度；我們不能改變過去，但是我們可以利用今天。外界的事物左右不了我們什麼，重要的是我們當下的心態。

很多人可能會說，過去的事情對我的傷害實在太大了，我如何也不能從悲傷中轉變過來。不，你完全可以轉變的，只需要改變一下當下的心態即可。你可以讓自己盡力地平靜起來，然後這樣想：正因為過去的不幸，才讓自己學會了滿足於當下的生活。

# 「惆悵東欄一株雪，人生看得幾清明」

生活之中，多數人都懂得「記住」的好處，但是卻不懂得「忘記」的必要性。面對生活中那些令我們煩惱和不快的人和事，那些令我們悲傷和痛苦的傷害，我們就要學會淡忘。忘記是上天賜予我們的洗滌心靈的特殊的禮物！當你學會忘記了，就意味著為自己卸掉了一顆擾亂平靜心靈的「定時炸彈」，忘記曾經的不快會讓我們避開生命中一切的痛苦，讓我們的心靈時刻享受到快樂和幸福的陽光，讓我們獲得心靈的解脫。

莊豔是個極有能力的人，是一家公司普通的職員，因為表現突出，工作半年時間就榮升為公司的中階主管。她原本與同事的關係處得很好，但是自從做了管理人員之後，為了避免同事疏遠自己，她就盡可能與下屬交朋友。因為莊豔的誠心，所有的同事都願意與她打成一片。

然而，單純的莊豔也難免遇到同事的傷害。有一次，她無意中聽到同事們在私下議論她的私事，而且口氣還十分惡毒，讓莊豔很難受，很長一段時間都緩不過神來。隨後，公司中謠言四起，給她造成不好的影響。為此，她被降了職。一想到自己的前途，莊豔感到非常迷惘！

一個月後，莊豔接到一個電話，並告訴她出賣她的同事是誰時，莊豔表現得很鎮定，對這個人說道：「你不必告訴我了，我已經快把這件事情忘記了！」朋友詫異萬分，仔細詢問她原因，她說：「即便知道了真相，也不能夠挽回現實，我現在要做的就是努力工作，這才是有意義的事情！」幾個月以後，因為莊豔在工作上的突出表現，又再次升職了。

莊豔是豁達的，面對朋友的傷害，她沒有過於追究，而是化悲痛為力量，儘快地將其遺忘，重新開始向新的目標奮進，最終達到了自己的目標。她如果一直將自己埋葬在痛苦和怨恨之中，那麼，可能不會得到另一種結果了。

其實，生命其實就是一個人在單行道上旅行，很多記憶無須帶著上路，否則，會走得很累。

蘇東坡有語：「梨花淡白柳深青，柳絮飛時花滿城。惆悵東欄一株雪，人生看得幾清明。」一人的一生經歷再多的痛苦，再多的悲傷，到頭來總能將其慢慢抹去，一切的傷痛總會過去，我們要做的就是把握當下，過好當下的每一寸時光。

忘記過去的悲傷，就是堅強地正視過去，勇敢地面對現在。在很多時候，我們幸福與否，完全在我們一念之間，既然不能挽回就不要苦苦追求，優柔寡斷勢必讓我們更痛苦。

忘記過去的傷痛，就能夠瀟灑面對塵世間的一些哀傷與淚水，我們應該攜帶一些微笑與淡然上路。當回望來時的路，才能夠發現曾經的美好。

忘記他人對自己的傷害，忘記朋友的背叛，忘記生命中所有的欺騙、憤怒與恥辱，你就會變得極為豁達寬容。

人生短暫，如過眼雲煙，悲傷和快樂也僅僅是自己的選擇。學會忘記，就能使心靈得到解脫。活在過去，只會讓你的人生步履維艱，只有學會遺忘過去，才能夠迎接更為輝煌燦爛的明天！

# 當下才是真

當下才是真，緣去即為幻。意思是說，當下才是生命真真切切的存在，過了當下，一切都成為虛幻了。其實是告訴我們，生命的每一個剎那都是唯一，在任何時候，我們都應該認真把握；當下的每一件事，都要認真去做；生命中的每一個人都要認真對待。

你要這樣想：生命的每一個瞬間都是唯一，當下才是生命最真實的狀態，過去了再也不會回頭，為此，你只需盡力過好當下就可以了，只需將當下的事情做好，盡力地使當下快樂就可以了，不必為了明天或者後天的事情擔憂或煩惱。

小傑瑞在很小的時候，父親就在一次事故中離開了他。從那之後，他的內心就處於痛苦之中。每天都茶飯不思，鬱鬱寡歡。這種悲傷的狀態持續了大約半年的時間，周圍的人都說傑瑞是個懂事的孩子，但她的母親卻為他十分著急，因為在大半年的時間中，他不好好吃飯，不好好生活，這樣下去，他的身體一定支撐不下去。

母親看到他這樣，也很難過，但是又不知道如何說服他。有一次，傑瑞的爺爺來到他家中，看到此種情形，決定要與他聊聊天。

「這段時間，你為何看上去那麼憂傷呢？」爺爺問他。

「因為爸爸永遠離開了我，他再也回不來了。」他回答道。

「那你還知道什麼也永遠回不來了嗎？」爺爺問道。

「呃？不知道。還有什麼會永遠回不來了呢？」他反問道。

「你所度過的所有的時間，以及時間中的事物，過去了就永遠無法回來了。你的昨天過去了，它就會變成永遠的昨天，以後我們也無法再回到昨天彌補什麼了；就像你的爸爸和你一樣大的時候，如果他在你這麼小的時候不快樂去玩耍，不好好學習，不好好吃飯、睡覺，不牢牢地為未來打基礎，就再也無法重新來一遍了。

傑瑞聽了爺爺的話一下子明白了，從此之後，他每天放學回家後，都會在院子中看著太陽一寸寸地沉到地平線下面，並告訴自己一天真的結束了，雖然明天還會升起太陽，但他不再沉湎於悲傷之中，開始振作起來，好好學習和生活，認真把握生命中的每一個瞬間。

如果我們認真生活在生命的每一個片刻，就會沒有任何時間去後悔，發現沒有時間去擔擾，那麼，所有的煩惱將不復存在。

# 莫讓一絲煙雨迷失了整個季節

莫因一絲煙雨迷失了整個季節，其實是說，生活中，我們切莫為了一點小事讓自己的心處於煩惱之中。

劉婷就經常會被一些「小事」絆住腳，特別是最近一周，她感覺「諸事不順」：在週一上班的路上，因為認錯了人而十分尷尬，一天下來都為自己的行為而感到不安；週三的時候，又因為上班遲到而受到主管的批評，心情一天都很低落；在週五的時候，孩子因為在學校與人打架，而被老師通知到學校一趟。這樣的小事經常發生在劉婷身上，她常常感覺自己太倒楣了，這些小事時常影響她的心情。

對於我們多數人來說，生活都是由無數的小事組合而成的，如果我們過多拘泥、計較小事，那麼，我們的人生也沒有什麼意義和樂趣可言，我們身邊到處都是煩惱、痛苦、矛盾與衝突。

現在，你完全可以靜下心來想一想：你在街上逛街，別人不小心踩到了你，把你剛買的新鞋弄髒，或者別人在無意間撞到了你；忙碌了一天回到家中，想休息一會兒，而妻子卻在旁邊嘮嘮叨叨，如果你不大事化小，小事化了，不懂得去控制自己的情緒，而是口出汙言穢語，或者對別人大發雷霆，就有可能會鬧出更大的麻煩，等於是將自己置於更大的煩惱和痛苦中。

生活中，很多小事不可避免地會發生，但是作為一個理智的人，必須要學會控制自己的情緒與行為，盡力敞開心胸，才不至於因小失大。

人活在世界上，理應開朗、豁達，應該活得更為超脫一些的，但是如果凡事都去計較，都放在心上，那只是在給自己徒增煩惱。

如果你過於計較小事，那麼對人生大事的注意力與處理能力就一定會淡化，甚至無暇顧及了，這也就意味著你將會失去更多。所以，我們要學會去勇於放下，「糊塗」地對待一些小事，這樣才能讓自己收穫更多重要的東西。

# 抓住生命賜予我們的最好禮物

美國著名作家斯賓塞・詹森有一本叫做《禮物》的書，其主要的內容如下：

一位智慧的老人告訴一個孩子，世界上有一種特殊的禮物，它可以給人帶來快樂和自由，而這個禮物僅有依靠自己的力量才能找到。

於是，這個孩子就想：如果找到了這個禮物，這一生也算是沒有白活。為此，他開始拚命尋找，越是拚命去尋找，越是感到不快樂，而他生命中那個珍貴的禮物始終沒有出現。

後來，當這個孩子到青年的時候，幾乎用盡了所有的辦法在尋找。但是，他越是拚命尋找，越是感受不到快樂，而他生命中那個最為珍貴的禮物仍然沒有出現。

最終，年輕人決定放棄了。後來，這位智者就告訴年輕人：你一生都在拚命尋找的禮物其實一直在你身邊，這個禮物就是——「此刻！」

現實生活中，我們也會像年輕人一樣拚命追尋有形的「禮物」，卻忽視了自己早已擁有的無形的禮物：此時此刻。在這個充滿焦慮和煩惱不斷的社會中，這份「禮物」更能幫助我們重新發現幸福生活的真諦。

只有活在當下，我們才能夠感受到生命中真正的幸福，這主要是說，我們不必為已經失去的東西而懊悔，也不必為得不到的東西而遺憾，珍惜當下所擁有的才是最為重要的。

年輕時，我們總是認為，幸福就是擁有富貴的多寡，是對名利的一種企求。只要我們能夠大富大貴，名利雙收，就能獲得真正的幸福。然而，幸福並非是一種傲人的資本，也並非是虛名所能夠滿足的，因為幸福並非是以權勢的高低和功名的顯赫為標準的。真正的幸福就是珍惜你當下所擁有的。

天地萬物，自然輪迴，我們生活在這樣的一個空間，必然是要遵守生老病死、稍縱即逝的規律。歷史不會為我們所守候，生命的年輪總是隨著日出日落而輝煌、消遁，而幸福的生活就在此刻，只要你能珍惜當下所擁有的，便能享受到生命永恆的快樂。

# 世界不是「伊甸園」

生活中，很多人都會莫名地為災難、戰亂、生存危機等所憂慮，其實，這是大可不必的。該來的總會來，該發生的總是會發生。要知道，這個世界不是伊甸園，困難與挫折雖然為我們的人生增加了變數，也為我們的人生增添了無數的色彩。

羅斯福在美國當政期間，西方的世界陷入了一場有史以來最為嚴重的一次經濟危機，美國也遭受了前所未有的經濟困難。當時的美國社會經濟大蕭條，當時的街道上湧動著成千上萬的失業人群，股市的崩盤使許多原本很富有的人，一夜之間成了街頭流浪漢。在這樣的局面之下，羅斯福說了一句話：「恐懼最可怕的地方並不是恐懼本身，而是我們內心對恐懼的擴大化。」

後來，他所發表的著名的「爐邊夜話」，幫助人們平緩情緒，平息內心的恐懼起了重要的作用。當內心的恐慌平息之後，羅斯福順利實施「新政」，最終帶領人們從困境中走了出來。

人類任何災難、困難都會過去，你們無須過分擔憂。同時，你也要理性看待這個世界，世界本身就充滿了無數的變數，認清這個事實之後，你可能就不會對未來太擔憂。

其實，在任何時候，在任何國家，災難、戰亂、環境和危機都是切實存在的，而且這些問題在人類社會出現時就已經切實存在了，我們如果太擔憂，其實根本不能夠改變什麼，我們唯一能做的就是努力用自己的智慧與雙手去應對與改進那些我們不願意看到的人和事。如果我們每個人都願意為此努力的話，那麼，世界將會呈現欣欣向榮的景象。

要知道，我們如今生活的世界要比先前的歷史時代要安穩、進步和文明得多，這也是我們人類不斷努力的結果。如果你每天都會為世界上發生的苦難哀嘆，並且不停地抱怨：這個世界太不公平，這個世界確實太可怕了，那麼，你眼前的一切可能會變得更糟糕。

在任何時候，對現實世界的客觀把握都是十分有益的，因為它可以有效促進你做一些有實際意義的工作，有效促進你對改變我們世界作出一些有意義的貢獻。但是過度的關切則是十分不符合理性的，因為它會帶給我們焦慮和沮喪，要知道，很多時候，可怕的並不是困難本身，而在於你內心無限地將困難放大，並被困難所嚇倒。

第七章

# 祛除浮躁，打造淡定內心

我們之所以困苦，是因為內心迷惘，太過浮躁。浮躁是成功、幸福和快樂的最大敵人。我們要克服浮躁，內心就要練就一種淡定的力量，遇事多思考，要有務實精神，腳踏實地，才能讓心靈歸於寧靜。同時，也要經得住誘惑，耐得住寂寞，才能獲得內心的篤定與超然。冷眼看盡繁華，平淡面對得失，暢達時不張狂，挫折時不消沉。你就會發現，成功和生命中一切美好的事物都在你身邊，從未遠離。

# 用「心」咀嚼生活的原味

平淡是生活的真滋味，無論你是一個怎樣的人物，無論你再翻雲覆雨，再功成名就，最終還是要歸附於平淡。平淡的生活看似無奇，但是它卻是生活最真切、最深的滋味！

一位能幹的年輕人，總認為生活的真滋味就是賺取更多的財富，然後住豪宅，開好車，盡情享受生活。於是，他總是苛求自己努力工作，但是，時間一久，他又覺得自己的生活充滿了枯燥、煩悶和痛苦，每天為了完成一個項目會寢食不安。但是，他仍舊覺得等自己以後有錢了，一切都會好了。

有一天，年輕人到鄉下散心，他看到一家賣早餐的夫婦，他們窮得很，每天也只能掙到維持他們基本生活的錢，但是他們的臉上卻掛著幸福的微笑，孩子們也玩得很是高興，他們的幸福和快樂並沒有因為貧窮而減少。

這位年輕人不解地問這位妻子：「你們這麼窮，為何還這麼快樂呢？」

這個女人放下手中的活，輕鬆回答：「我們是沒錢，但為什麼要不快樂呢，我們一家人可以整天在一起，父老鄉親可以享受我們做的早餐，我們又可以交到很多朋友，為什麼要覺得不快樂呢？」

年輕人頓時怔住了，原來，平淡才是生活的常態，快樂和幸福並不會因為貧窮而遠離你。

在漫漫人生道路上，當你經歷了酸、甜、苦、辣、鹹以後，才知道「淡」的可貴。年輕人與賣早餐的夫婦在物質上是不成正比的，但是在精神方面，前者並不比後者開心。賣早餐的夫婦過的是平淡的生活，但是他們卻能真切體會到其中的快樂和享受到其中的幸福，就是因為他們擁有一顆平常心。

# 你才是命運的主宰

當你哭泣自己沒有鞋子穿的時候，卻會發現有些人是沒有腳的；當你煩悶沒有好衣服穿的時候，卻發現有些人是連溫飽都無法解決。在這個世界上，任何人都是富有的，我們無須去抱怨，要學會知足，只要努力，你也可以創造出人生最美麗的風景。

一位年輕人，在奮鬥的過程中經歷了幾次失敗之後，總是不停抱怨，抱怨上帝的不公平，為何自己發不了財，於是，每天都愁眉不展，鬱鬱寡歡。

這一天，他向一位智者訴苦，並向對方問：「你是一位智者，一定知道很多賺錢的方法與技巧，能否告訴我如何才能透過做一筆大買賣賺很多錢呢？」

看到青年這樣，智者很失望說：「真是太可惜了，你放著終日享用不盡的東西不好好珍惜，卻來妄想這種事情，你想要得到終生享用不盡的東西嗎？」

「這種終生享用不盡的東西是什麼？」這位青年急迫問道。

智者嚴肅回答：「就在你身上呀！」青年很疑惑地回答：「我哪有什麼終生享用不盡的東西，我沒有任何存款，而且還欠了不少債，也沒有任何值錢的家當。」

智者回答說道：「假如現在我要斬掉你的一根手指頭，給你一萬元，你幹不幹？」

「堅決不幹。」青年明確答道。

「那麼，假如斬掉你的一隻手，給你十萬元呢？」智者又問。

「不幹。」青年答道。

「那我給你一百萬元來換取你一雙明亮的眼睛，你會考慮換嗎？」智者繼續問。

「不，堅決不同意。」年輕人又回答道。

「好吧，我現在如果給你一千萬，把你的生命給我，你幹不幹呢？」智者問道。

「當然不幹！」青年又堅決說道。

聽罷此話，智者笑了笑，語重心長地說道：「這就是呀，你已經有一千萬的財富了，為什麼還每天哭窮呢？你有一雙手可以繼續奮鬥，你有一雙明亮的眼睛，可以學習；你有生命可以創造一生都受用不盡的財富，如此富有的人，怎麼看不到呢？」

智者的話猶如醍醐灌頂，一語將青年從夢中驚醒！

父母給了我們生命，又將我們養大，其實就是要我們用自己的雙手去實現自我，創造屬於自己的生活，我們都握著改變自我命運的自主權。如果明白了這個道理，你不會走上歧路，也更能體會到自身的價值。為此，我們從現在開始，千萬不要再去抱怨自己因為沒有金錢，沒有房子、車子而覺得自己一無所有。因為你自身就是一座這一生都開採不完的寶藏，關鍵在於你如何去挖掘。

# 安於本分做人

本分，是像泥土一樣實在的人格，在浮躁的社會中，它經常被人所忽視。然而，它卻是一個人取得成功的重要條件。本分，其實是一個人可貴的品質。

恪守本分，就是祛除內心的浮躁，盡自己的責任和義務，踏踏實實做事。

一位官員，自從他上任的那天起，就一直恪守本分，兩袖清風，忘我工作，為當地的經濟發展作出了極大的貢獻。

他退休以後，許下了「退休以後給家鄉辦一兩件事」的諾言，紮根山區，義務植樹造林。他白手起家，撿果核做樹種，硬是在荒山野嶺建起了幾萬畝的林場。

在他死後，又將林場無償獻給國家，它就是雲南保山地委書記楊善洲，他的「本分」就是永遠鮮明的公僕本色。

不久前去世的魯迅兒子周海嬰，他一生淡泊名利，在公眾場合，幾乎不提魯迅，在別人面前，也從不炫耀自己是誰的後代，他反對靠父母的餘蔭生活。他和藹可親、為人敦厚，雖貴為名人，但是為人處世卻十分平易近人，這是一個很「本分」的可敬長者。

本分是一種極為可貴的品質，它正像泥土一樣，以豐厚的養分和堅實的基礎支撐起人格的參天大樹。花木扶疏，離不開泥土；事業有成，離不開本分。摒棄偏見與誤解，做一個本分的人。做一個真正的本分人，於己光明磊落，問心無愧，於人海納百川，實現人際的和諧和共贏。

# 在平淡中享受生活的真諦

生命本身很平淡，人生的過程本身也是一個極為平淡的過程。

生命的更迭一如樹上的落葉一般，當初不過只是一星鵝黃，繼而碧綠、暗淡後，最後化為泥土。就像我們當初赤手空拳來到這個塵世，若干年後依然赤條條地歸於塵土，這是塵世所有生命運行的基本軌跡。

在任何時候，如果我們能夠以淡然的心境去體會世界的一切得失，以一顆平常心去感受生活，便可以獲得一份優雅美麗的心境，脫離心中的一切不甘心，最終才能獲得無比愜意和灑脫的人生。

顯微鏡的發明者列文胡克是一個平凡的人，他的偉大事績，就是在平淡的生活中打磨出來的。

列文胡克本來是農民出身，是荷蘭一個小鎮的政府守門員。守門的工作是極為枯燥乏味的，但是，他在這個崗位卻能夠兢兢業業，他一不打撲克去消磨時間，二又不泡咖啡館，又不去喝酒聊天，而是充分利用業餘時間去打磨鏡片。雖然打磨鏡片既費時又費工，但是他卻樂此不疲，興趣盎然，就在這日復一日，從不間斷，一直打磨了數十年，他磨出的複合鏡片的放大倍數超過了當時專業技師的產品。憑藉著他自己打磨出的鏡片，他又潛心研究，終於發明了顯微鏡，最終揭開當時科技領域尚未知曉的微生物世界的神秘面紗。憑藉著這項偉大發明，他被授予巴黎科學院院士，最終聲名大振，極為平淡的他卻做出了如此不平凡的成績。

人類的許多偉大的發明和思想都是從平淡的生活中被發掘出來的。為此，可以說，平淡見神奇。平淡的生活能讓人回歸寧靜，能讓人不受名利的驅使、欲望的煎熬，所以那些有大作為的大師最終都甘於回歸平淡，並在平淡中取得巨大的成績。

平淡是一種人生境界，也是最為真切的生活。

平淡不是懦夫的自暴自棄，而是智者的胸有成竹；不是看破紅塵後的心如死灰，而是經歷風雨後的大徹大悟；也不是碌碌無為的得過且過，而是從容處世的瀟灑自信。其實，平淡的生活是一種最為安逸和幸福的生活，它沒有喧鬧的繁雜，沒有世俗的煩惱，更沒有過分的欲望，而只有一份從容，一份淡然，一份平淡的快樂，在平淡中享受到生活的真諦。

# 給生命一個助跑的過程

很多人在追求成功的道路上，總是急於求成，於是孤注一擲，將大部分的精力全部用於工作中，將自己折磨得疲憊不堪，卻也沒能達到最後的成功。於是悲觀、失望，才發現一個人的成長、成熟和成功，是一個不斷循序漸進的過程，急於求成，只會讓失敗來得更快一些，應該適時給生命一個助跑的過程。這樣，才能夠深切地體會到成功的真正意義。

不管做任何事情，想要獲得成功，就需要工夫。沉潛的日子，其實是你人生的助跑線。

禿鷲是天空中常見的一種鳥類，被人們譽為草原上的「神鷹」。它通常都棲息在海拔一千五百至五千多公尺的高原上，平均體重達七至十一公斤。禿鷲張開翅膀的整個身體就有兩公尺以上的長度，能夠長時間飛翔在高空中。

當禿鷲在湛藍的天空盤旋的時候，它寬大有力的翅膀，可以遮掩住太陽，你甚至還能夠聽到他的雙翅在空中「嘩啦，嘩啦」搧動的聲音。牠一旦發現獵物，便會如利箭般俯衝而下，褐色的羽毛在陽光下閃爍著閃亮的光澤，就像閃電一般，牠甚至能捕殺草原上的野狼。

有一次，在草原上，一位獵人意外捕捉到一隻禿鷲，他將這隻禿鷲關進一個不到一平方公尺的圍欄中。圍欄的頂部完全是敞開的，從圍欄裡可以高高仰視天空。

然而，禿鷲處於這樣的圍欄，無論如何也飛不起來，最終，牠只能在圍欄中使勁地徘徊，做無奈的囚徒。

原來，禿鷲雖然雄健有力，能夠翱翔上空萬里，但是在飛上高空之前，卻需要一個助跑的過程。牠需要先在地上奔跑約三公尺，然後才能振翅起飛。別小看這短短的助跑距離，是決定禿鷲是否能翱翔直上的關鍵。在這個狹小的圍欄，禿鷲完全沒有空間可以助跑，因此牠根本無法騰空飛起。

生活中的人類何嘗不是如此！

很多人，尤其是年輕人，一踏上社會就想一鳴驚人，名利雙收擁有一切，於是急功近利，不注重人生的積累，最終是很難起飛的。

而相反地，能不辭辛苦為自己搭建一個好的助跑舞臺，從而將優勢不斷發揮，才能逐漸達到事業的高峰。就像禿鷲一樣，給生命一個助跑的過程吧！這樣，我們才可能在藍天上展翅翱翔，飛得更高。

# 清空你的杯子，方能再行注滿

「清空你的杯子，方能再行注滿，空無以求全。」一代武學宗師，功夫巨星李小龍極為推崇這句話。

他這樣說道，空杯心態就是對過去的所有的榮耀、挫折和磨難的一種捨棄，也是對自我的一種否定，捨棄之後才能獲得更多。當然，否定自己是需要很大的勇氣，但只有如此才能找到自己的差距與不足，找到自己應該努力的方向。

一個人應該捨棄的東西有很多，比如懶惰、得過且過混日子等等，這些思想是最應該捨棄的。

尤其是當我們還是青年的時候，更要學會空杯，既不能因為一時的失敗或者挫折而一蹶不振，更不能因為取得一點點小小的成績而得意忘形，我們一定要時刻「空杯」，勇於放下，這樣才能夠取得更好的成績。

一個剛剛走出校門的大學生，因為心高氣傲，又不腳踏實地，所以經常受到上司的批評。為此，他每天都垂頭喪氣，鬱悶至極。後來，他找到一位智者，希望智者能夠告訴他成功的祕訣。

大學生將自己當下不如意的境況都說了出來，說自己以前的人生是如何的輝煌，但是到工作之後卻很是不順心。聽了大學生的話以後，智者沒說什麼，只是微笑隨手拿起一杯裝滿茶水的杯子，放在大學生的面前，然後從旁邊提來一壺茶，慢慢地往玻璃杯中倒入茶水，就這樣一直倒，直到溢出的茶水流到地上。但智者好像還沒有要停止的意思，直到大學生使勁喊出：「您別倒了，再倒就浪費了！」

終於，智者將茶壺收回，說道：「你的話正是我想說的，這杯茶和我想教給你的東西是一樣的。你已經像這個杯子一樣裝滿了憂愁和煩惱，已經容不下其他東西了。你還是先把內心一些消極的思想捨棄後，再來找我裝其他的東西吧！」

聽罷，年輕人終於明白智者的真實意思，從此不再怨天尤人，調整心態，實實在在去工作。不久，他果然如願升職了。

擁有「空杯」心態，就是將心中的「杯子」倒空，將自己以往所重視、在乎的東西以及曾經的輝煌從心態上徹底清空，這是每一個職場人士必須要擁有的心態。

# 擦亮心靈的窗戶

對於一個初識世界的孩童來說，周圍的一切都是純潔無瑕的，一切都是新鮮的，眼睛看到什麼，就會是什麼。人家告訴他這是房子，他就認識了房子，告訴他是磚頭，他也就認識了磚頭。然而，隨著年齡的增長，經歷的世事越來越多，就會發現這個世界太過複雜，心中難免會蒙上一層厚厚的塵埃：周圍的一切不再是純潔的，懷疑、不平、猜忌、警惕，一切的事物都是自身意志的載體，總是會將簡單的事情複雜化，你如果處於這樣的階段，不及時拂去心靈的塵埃，那麼只會置自己於痛苦和煩惱中。

有一天，一位婦女在陽臺上晾衣服的時候，轉眼就看到鄰居晾著的衣服中有一大塊黑色的汙垢，她就想道：「這家人怎麼搞得啊，衣服都洗不乾淨，他家一定很亂！」

第二天，這位婦女再一次發現鄰居晾著的衣服中又有一塊汙垢，她就想道：「真是無可救藥了，怎麼會有這樣的一家人啊！」

每天，她在晾衣服的時候都發現這樣的情況。

這一天，她對丈夫抱怨說：「對面那家人怎麼搞的，衣服怎麼沒洗乾淨就晾起來了！」

丈夫聽了覺得很奇怪，就來到陽臺邊，順著婦女手指的方向望去。果然，對方陽臺上晾著的衣服上有很大的一塊髒東西，在陽光下很顯眼。這時候，一陣風吹過來，衣服在風中不停飄動，丈夫才發現那衣服與「汙垢」很不對稱。他走到窗戶旁邊，拿起乾淨的抹布向玻璃窗擦拭了一下。

「這不就乾淨了嗎？」丈夫笑著對她說。

最終，婦女自己也啞口無言，原來是自家的窗戶髒了。

很多時候，我們擦亮自己內心的窗戶再去看這個世界，就會發現這個世界沒有自己想像的那麼「髒」！

用真誠擦亮你心靈的窗戶，用笑容面對生活，用大度相待生命中遇到的每一個人。

生活有其原本的面貌，面對一切世事，只有以一顆平常心去面對，多信任別人和理解別人，煩惱就不會存在了，因為很多事情本身就是生活的原本的狀態。只要你勤於擦亮自己內心的窗戶，那麼看到的一切都會是清澈明亮的。

# 任憑風浪起，穩坐釣魚臺

生活之中，多數熱血青年認為青春應該是充滿激情的，為此，很多年輕人在處世的過程中總是苛求自己盡自己最快的速度完成任務或者達到目的，最終，讓自己陷入痛苦和煩惱之中才發現，很多事情是需要一些耐心的，只有擁有任憑風浪起，穩坐釣魚臺的境界，才能讓自己達到既定的目標。

有一位心浮氣躁的年輕人到河邊去釣魚，他的旁邊坐著一位垂釣的老人。二人相隔而坐，距離很近。然而，令人奇怪的是，老人家不停有魚上鉤，而自己一整天都沒有什麼收穫。最終，他終於沉不住氣說：「我們兩個人用的魚餌相同，釣魚的地方一樣，為何你卻能釣到，而我卻一無所獲？」

老人很從容地說：「我釣魚的時候心平氣和，忘了有魚，所以手不動，眼也不眨，魚不知道我的存在；而你心裡只想著魚吃你的餌沒有，連眼也不停地盯著魚，見魚剛上鈎就心氣浮躁，魚不被你嚇跑才怪。」

任憑風浪起，穩坐釣魚臺，只有擁有這樣的境界，我們才能夠釣到魚，在追求的道路上達到既定的目的。要知道，生活中的很多事情就如魚竿上的魚一樣，對待它也不可太過急躁，否則，不僅釣不到大魚，而且還會給你帶來一些負面的情緒。

其實，你是完全可以祛除浮躁，平靜下來的。你只需要舒緩你自己的情緒，只要心中默默地念道：好，好，慢一點，靜下來，不必急。努力讓自己心平氣和地坐下來，放鬆神經，不刻意去思考能擾亂你思緒的問題，讓自己的思維隨風飄蕩，閉上眼睛，讓整個人都能感受到一種似有似無，等你的精神徹底地鬆弛下來以後，然後再輕鬆想像事情發生的各種場景，將自己置於其中，從而找出最好的處理方法。

對於任何一個人來說，耐心和靜心都是可以慢慢培養的，不要對自己要求過高，也不能過分地苛求他人，理性而積極地認清楚自己，這樣才能讓自己做出正確的選擇與判斷。俗話說：「計畫趕不上變化」，一個真正周到又有耐心的人，是極為善於在堅持自己的原則之下靈活變通的，這樣才能讓自己處於極為平靜的狀態，有條不紊地達成自己的目標。

# 莫為一時的虛榮毀了一輩子的快樂

何謂「虛榮」？「虛榮」即為表面上的光彩。

一個人如果只追求表面的光彩，只能得到一時的滿足，而將自己的心拖入永久的疲憊中。

瑪蒂爾德是一個漂亮的女子，但是卻出身貧寒。貌美的他，最終嫁給一個小職員。

瑪蒂爾德並不甘心，她對貴夫人的生活心馳神往，總是渴望自己能夠穿上漂亮的長裙，再戴上美麗的鑽石項鍊，她認為只要擁有這些，完全可以使上流社會的小姐和夫人們黯然失色。

終於，她等到一個絕佳的機會。有一次，她被邀請去參加晚宴，為了能讓自己成為眾人的焦點，她買了新衣服，化了精緻的妝容，還特地從朋友萊斯蒂太太那裡借來一串鑽石項鍊。一切準備就緒，只等著晚宴的時候大放光彩。

果然，她成為了晚宴上最出眾的女人。晚宴之後，她仍陶醉於被人仰望的快感之中，久久不能自拔。然而，當她對著鏡子卸妝時，赫然發現脖子上的鑽石項鍊不見了，怎麼找也找不到。

後來，她和丈夫勞苦工作，用了整整十年的時間才掙足了賠償這串鑽石項鍊的錢，而那晚光彩照人的瑪蒂爾德早已變得蒼老憔悴了。

美國文化精神領袖愛默生曾告誡年輕人：「幻想成功、追求名譽無可厚非，但更重要的是腳踏實地的精神。當一個人年輕時，誰沒有空想過？誰沒有幻想過？想入非非是青春的標誌。但是，我的青年朋友們，請記住，人總歸是要長大的。天地如此廣闊，世界如此美好，你們需要的不僅僅是一對幻想的翅膀，更需要一雙踏踏實實的腳！」

近代哲學家、諾貝爾文學獎得主亨利．柏格森說：「虛榮心很難說是一種惡行，然而一切惡行都圍繞虛榮心而生，都不過是滿足虛榮心的手段。」

很多虛榮的人，都認為工作一定要比別人好、工資要比別人高、人脈要比別人廣、升職要比別人快、衣服要比別人貴、房子要比別人大、吃的要比別人講究、用的要比別人高檔，可是要樣樣都比別人好，就必須比別人付出更多的努力。

如果一個人將所有的精力和時間浪費在沒完沒了的比較之中，帶來的只能是心情越來越焦躁，快樂越來越少。

# 清空心靈的「回收站」

飛快的生活節奏，讓人們的生存壓力不斷增大。很多人在工作和學習的某個階段，總會感到莫名的煩躁和壓抑。在這個時候，如果你能夠及時調整，擺脫當下的生活狀態，去尋找另外一種生活，及時清除心靈的「回收站」，就可以讓自己獲得瞬間的愜意和自在。

有一位哲學教授，在一堂課上向學生們講述了一段自己的親身經歷：

「那段時間，家庭和生活等各方面都極不順利，總覺得整個人都陷入一種莫名的煩躁和壓抑之中，於是，我就向學校請了三個月的長假，然後給家裡所有的人說，這三個月中不要打電話打擾我，也不要問我在什麼地方，要去什麼地方。當時的我已經完全厭倦了日復一日單調的工作，心靈中背負了太多的『垃圾』，需要做點自己喜歡的事情，將垃圾及時清理掉。」

「接下來，我隻身一個人去了東北的一個農村，趁著假期去嘗試過另一種全新的生活，在那裡，我做著各種各樣的工作，到農場去打工、給飯店刷盤子。和農民們一起在田地裡做工時，我背著老闆躲在角落裡抽煙，和工友偷懶聊天，這讓我有一種前所未有的愉悅。」

最終，他還說了一件十分有趣的事情，就在他回家的途中，在一家餐廳找到一份刷盤子的工作，只幹了四個小時，老闆就把他叫了過來，付了工資給他，並對他說：「可憐的老頭子，你刷盤子刷得太慢，你被解雇了。」於是，這個「可憐的老頭子」就又重新回到講臺上，回到自己熟悉的工作環境以後，卻覺得以往再熟悉不過的事都變得新鮮有趣起來，工作完全成為一種全新的享受。

在長期壓抑單調的工作中，每個人的心靈都會積下太多的「垃圾」，正是這些「垃圾」，讓我們不堪忍受，這個時候，就要及時將它們清理掉，隨時從零開始。有了這種精神，一個人才能夠在人生的道路上越走越遠。

當一個人一味地沉浸於以往的成功、榮譽、輝煌、掌聲或成績中，很容易會迷失自我；同樣地，如果一個人太在乎昔日的失敗、痛苦、無能、平庸或汙點的話，只會使自己裹足不前。這些雖然是暫時的狀態，但是卻是永久的束縛，不如及時將它們清理掉，這樣才能讓自己走出煩躁，隨時以全新的面貌和心態去對待工作和生活的事情，才能擺脫束縛，不斷邁步向前。

# 君子之交淡如水

社交是現代人一個極為重要的部分，酒桌飯局無休止的應酬，讓心被物欲所累。然而，要知道，真正的朋友是無須世俗的客套，這樣的友情才能讓人體會到與朋友相處的快樂，才不讓朋友成為你的一種負累。

唐朝名將薛仁貴在未得到朝廷重用之前，生活很艱苦，與妻子一同住在破窯洞中。他們衣食亦無著落，這時候全靠一位叫做王茂生的朋友接濟。

後來，等薛仁貴參軍以後，跟隨李世民東征，因為戰功顯赫，被封為平遼王。一登龍門，自然身價增長。在薛仁貴上任的當天，前來祝賀的文武大臣絡繹不絕，但是最終都被薛仁貴婉言謝絕了。他唯一收下的禮物就是以前曾經接濟過他的老朋友王茂生送來的兩罈美酒，說是美酒，其實裡面裝的只是清水而已！

當薛仁貴得知酒罈中裝的是水而非酒時，他家裡的僕人很惱怒，唯獨薛仁貴沒有生氣。他高興地取來一個大碗，當著眾人的面痛飲三大碗王茂生送來的清水。

在場的文武百官不解其意，只見薛仁貴喝完三大碗清水之後說：「我在過去落難之時單靠王兄夫婦資助，如果沒有他們，更沒有我今天的榮華富貴。如今我美酒不沾，厚禮不收，卻偏偏只收下王兄送來的兩罈清水，是因為我知道王兄家道貧寒，即便是送給我清水也是王兄的一番美意，這就是君子之交淡如水。」從此以後，薛仁貴與王茂生一家的關係更為緊密了。

薛仁貴與王茂生之間的友情正是因為平淡，才顯得更為珍貴，也顯得更為親密。《莊子・外篇・山木》中曰：「且君子之交淡若水，小人之交甘若醴。君子淡以親，小人甘以絕。」就是說，君子間的友情應該像水一樣清澈無味，這樣才能夠給人一種清爽的感覺，兩者間的友情才能夠持續得更為久遠。

當下的社會，朋友之間的交往摻雜了太多的功利色彩，大家相互間進行利益得失的計較，最終讓朋友成為心靈的一種負累。要讓朋友成為人生的一件樂事，就一定需要一顆平和的心態去面對朋友，以一顆明智的心善待你的朋友，無須轟轟烈烈的豪言壯語，更不需要刻意的掩飾。即便是長久不見，也能長留在心中一些留戀。見面時，相視一笑，沒有很多的客套，甚至連問候的話語也都是多餘的，彼此在一起只需靜靜地喝喝茶，就是最大的享受；相互之間沒有猜忌，沒有相互吹捧，就像白開水一樣透明，這樣的友誼讓人感到心曠神怡，更能持續長久情誼。

第八章

# 放棄計較，寬容待人

生活中的許多煩惱都是因為內心過於計較而產生的，為此，要遠離煩惱，怒火，就要勇於放下計較，以寬容之心面對一切。懂得適時低頭、彎腰，懂得人生難得一糊塗，學會忍讓，遇事不鑽牛角尖，不為他人過錯而耿耿於懷，不將生活中瑣碎放在心上，這樣才能讓心靈獲得滿足。

# 寬容是和諧人生的調味品

寬容是和諧人生的一劑調味品，也是一個人修養和善良的體現。生活中，在與他人交往的過程，難免會與他人發生衝突，面對他人的過錯，最聰明的選擇是以寬容之心待之。其實，寬容他人也是在寬容自己，同樣也是在解脫自己。倘若人與人之間沒有了寬容，遇到小事相互之間就斤斤計較，我們的生活一定會充滿仇恨與報復。

一位幸福的媽媽，在她五十周年金婚紀念日的當天，所有的朋友都紛紛過來向她表示祝賀，向她請教幸福婚姻的祕訣。她說：「從我結婚的那一天起，我就準備要列出丈夫的十條缺點，為了我們的婚姻能夠幸福，我就向自己承諾，每當他犯了這十條錯誤中的任何一條，我都會原諒他。」

這時候，所有人都在問：「那你列出的這十條錯誤是什麼呢？」

這位老媽媽聽了，笑了笑說道：「我就老實告訴你們吧，這五十年來，我始終沒有將這十條缺點具體列出來。每當丈夫做了錯事，冒犯了我，當我氣得直跺腳的時候，我就會馬上提醒自己：算他運氣好吧，他犯的錯誤是我可以原諒他的那十條錯誤之一。每次都這樣告訴自己，於是我們的生活就少了很多爭吵！」

漫漫人生征途之中，人與人之間難免會出現矛盾和摩擦，如果我們都能夠像老媽媽那樣，學會去寬容和忍讓，你會發現，幸福和快樂將時刻圍繞著你。

當然了，我們要弄清楚，寬容並不等於縱容，它必須是建立在自信、助人和有益於社會的基礎之上的。對於他人的過失，我們在包容的同時，如果能夠以適應的方式給予一定的批評與幫助，便可以避免對方以後犯下更大的錯誤。

學會寬容，也意味著生活中你不會患得患失。我們在學會寬容他人的同時，也要學會寬容自己。當自己有了過失，也不要灰心喪氣，一蹶不振，更不必為此而感到痛苦難忍，只要能夠從中吸取教訓，更可以重新揚起工作和生活的風帆。唯有寬容地對待自己，才可以讓自己心平氣和投入到工作和學習之中。

學會寬容，不僅能夠保持人與人之間的關係的和諧，家庭的和睦，婚姻的美滿，而且還有益於身心的健康。寬容中還包含有理解、同情和諒解。朋友間如果沒有寬容，再親密的關係也要破裂；夫妻間如果沒有寬容，再堅固的愛情也有動搖的時候。生活需要寬容，歡樂之花離不開寬容的灌溉。

# 棉被裡的為人哲學

生活中，我們難免會與周圍的人發生衝突或矛盾，難免要去面對他人的惡言惡語，這個時候，我們的內心很難淡定，也會惡言相向，最終使矛盾或衝突越來越大，給自己造成痛苦，也給他人帶來傷害。這個時候，我們如果能以隨意的心態面對，肯退後一步，對惡言惡語淡然視之，而你也會收穫到意想不到的結果。

山上有一座破舊的寺院，裡面住著一個老和尚和一個小和尚，有一次，小和尚對老和尚說：「這一座寺院，就我們兩個和尚，每次我到山下去化緣的時候，很多人都會冷言冷語笑話說，說我是野和尚，所有來參拜的人，給的香火錢也很少。今天到山下去化緣，這麼冷的天，竟然沒有一個人給我開門，我化到的齋飯也是少得可憐。師父，我們寺院要想成為你所說的鐘聲不斷的大寺的夢想是實現不了了。」

老和尚披著袈裟也沒說什麼話，只是緊閉著眼睛靜靜聽著。

小和尚絮絮叨叨地說著，最終，老和尚睜開眼睛問道：「這北風吹得太緊了，外邊又冰天雪地的，你不冷嗎？」

小和尚凍得渾身哆嗦，然後就說：「我雙腳都凍麻木了。」老和尚說道：「那不如我們早點睡覺吧！」

於是，老和尚和小和尚就熄了燈，一同鑽進被窩中。又過了一個小時，老和尚說道：「現在你暖和了嗎？」

小和尚答道：「當然暖和了，就像在太陽下一樣暖和。」

老和尚說道：「棉被放在床上面一直是冰冷的，但是人一旦躺進去就變得暖和多了，你說是棉被把人暖熱了，還是人把棉被暖熱了呢？」小和尚一聽，馬上笑說道：「師父你真是糊塗啊，棉被怎麼可能把人給暖熱了呢，是人把棉被暖熱了。」

老和尚就問道：「棉被既然無法給我們任何溫暖，我們反而要靠它去取暖，那麼我們還蓋棉被幹什麼呢？」

小和尚想了想說道：「雖然棉被給不了我們溫暖，但是厚厚的棉被卻可以保存我們的溫暖，讓我們在被窩中睡得舒服啊！」

在黑暗之中，老和尚會心一笑，說道：「我們撞鐘誦經的僧人何嘗不是躺在厚厚的棉被下的人，而那些芸芸眾生就是厚厚的棉被。只要我們一心向善，冰冷的棉被終究會被我們所暖熱的，而芸芸眾生這床棉被也會把我們的溫暖保存下來，我們睡在這樣的被窩裡不是溫暖得很嗎？」

小和尚聽到後，恍然大悟。從第二天開始，小和尚很早就下山去化緣了，依然碰到很多人的惡語，但是小和尚始終彬彬有禮地對待每一個人。

十年以後，該寺居然成了一座大寺院，不僅有很多的僧人，而且燒香參拜的人也絡繹不絕，再也沒出現化不到齋飯的情況了。

生活中，如果每個人的內心都能一心向善，以最大的限度去容忍別人，遇到困難能夠退後一步，那麼，再冰冷的「棉被」終究會被我們所暖熱的。

# 別用腳去踢石頭

生氣就好比是你用自己的腳去踢石頭，最終疼的是自己。不要為了生活中的一些小事而生氣，否則只會傷及自己。

有一位叫海格利斯的英雄，力大無窮，沒有人能比得過他。為此，他總是躊躇滿志，春風得意。

有一次，海格利斯在一條極為狹窄、坎坷不平的道路上行走，突然間，他差一點被什麼東西所絆倒。定睛一看，發現路的中間正好有一個像袋子似的東西，海格利斯狠狠地向那個東西踢了一腳，誰知，那個東西不但待在原地不動，而且還氣鼓鼓地膨脹起來。

這下，海格利斯更生氣了，於是就奮力地揮起拳頭又朝它狠狠一擊，但是那個東西依然如故，同時又迅速地脹大著。海格利斯暴跳如雷，快速拾起一根木棒狠狠向它砸個不停，但是，這個東西卻越脹越大，最終將整個山道都堵得嚴嚴實實。海格利斯氣急敗壞，又無可奈何，累得躺在地上，氣喘吁吁。不一會兒，山中走來一位聖人，見此情景，很是困惑。

海格利斯就跟對方說：「這個東西真是可惡至極，存心與我過不去。將我走的路堵得死死的。」

聖人聽罷，看看他的腳下，淡淡一笑，平靜地說：「朋友，這個東西叫『仇恨袋』。當初，如果你不去理會它，或者乾脆就繞開它，它就不會與你過不去了。就像當初，你的心中總是記著它，它就會不斷膨脹，擋住你的去路，專門與你做對！」

其實，生活中如果我們總是為小事生氣，就相當於我們的肩上扛著「仇恨袋」，那麼，我們的生活就會如負重登山，舉步維艱，最終，只會堵死了你前進的步伐。

另外，經常生氣的人，還會危及自身的健康。卡內基就說：「為小事而生氣的人，生命是短促的。」《三國演義》中的周瑜因為氣量狹小，而被活活地氣死。《紅樓夢》中的林妹妹，平日裡因為愛為小事生氣，身體一直欠佳，最終命赴黃泉。

為了自己的健康，我們也切莫再為小事生氣了。然而，這說起來簡單，做起來卻不易。因為人在生氣的時候，會由不得自己，心胸會變得狹隘，而且還會鑽牛角尖，這是消氣的主要障礙。這個時候，你可以立即離開生氣或者惹你生氣的事情，找個清靜的地方去看看書或者做些其他的事轉移焦點。當然也可以找個好的朋友傾訴，這都是消氣的好方法。

# 難得糊塗

清朝名士鄭板橋說：「聰明難，糊塗亦難，由聰明轉入糊塗更難。放一著，退一步，當下心安，非圖後來福報也。」就是說，那些聰明和精明的人，不會故意裝糊塗，而是將自己聰明的智慧收斂起來，要做到這一點是極為困難的。

甯武子是春秋時期衛國一位有名望的大夫，他一生共輔佐了衛文公和衛成公兩代的君王。

在衛文公的時候，國家的政治極為清明，社會安定。那個時候，甯武子表現過人的智慧與能力，幾乎已經成為當時衛國「第一等的聰明之人」。

然後，到衛成公的時候，國家政治黑暗，社會混亂。甯武子作為當朝大夫，卻表現得異常愚鈍，好似自己什麼都不知道。正因這樣，他才能安全度過了自己的餘生。其實，他後來的糊塗都是裝出來的，而不是真正糊塗。

甯武子在亂世之中，能夠及時收斂起自己的聰明才智，是很少有人能做到的，正是他的這種大智慧，才讓他得以安然度過自己的一生。

現實生活中，我們每個人都很聰明，與人交往會工於心計，會斤斤計較，然而正是如此，才使我們的心靈沾染了過多的煩惱和痛苦。在很多時候，如果我們能夠收斂起自己的鋒芒，寬容忍讓，是避開危險的一種有效的方法。

生活中，很多人總會過分去計較利益得失，是非恩怨，這會讓我們生出許多煩惱。如果我們能夠放棄計較，在是非原則問題上不計較，在某些問題上也大事化小，小事化了，在許多細小的問題上，不要去做無休止的糾纏，理智地去處世，學會去適應各種環境，應付各種矛盾，用「糊塗」去化險為夷，可能會讓自己活得無比的輕鬆和快樂。

對他人「糊塗」一些，會讓對方因為你很傻而更加信任你；對朋友「糊塗」一些，不去過多計較，會讓你的友誼更為長久；對愛人「糊塗」一些，會讓你們彼此的心靈留些空間和餘地；對生活中的一切小事都「糊塗」一些，讓自己多享一分快樂。

# 莫被流言絆住腳

人生在世，哪個人前不說人，誰人背後無人說。生活中，我們每個人都不可避免地會處於流言蜚語中，在這樣的狀態下，很多人都會傷心，會難過，難免會被壞情緒所左右。其實，如果你能夠冷靜下來想一想，根本不必去計較那些流言，它們也不過是「一陣風」而已，如果你刻意去計較，去在乎，是在懲罰自己。

劉麗剛畢業就到一家大型的汽車銷售公司，因為剛入公司沒什麼經驗，不知道如何應付難纏的客戶。見到此情境，一位叫李娜的女孩主動幫她，再挑剔的客戶，都會主動幫劉麗搞定。當劉麗業績不好的時候，李娜還會主動向她介紹自己的客戶。半年多的相處中，劉麗與李娜建立了深厚的友誼，她們就成了無話不談的閨蜜。

後來，劉麗就憑藉自己業務上的成就，坐到了銷售管理者的位置。但是，正在自己欣喜不已的時候，她卻收到了來自好朋友李娜的意外之「禮」。

那一次，劉麗與李娜共同負責一個大客戶，因為事前劉麗就對客戶的購車意見進行了詳細的了解，客戶就單獨約定要與劉麗細談。當時，劉麗就感到李娜的尷尬，想去安慰她。但是她後來又想，她們之間的親密關係，李娜應該是不會介意的。

但是，第二天上班後，劉麗卻聽到所有的同事都在小心地議論她。後來，她才得知是自己的好朋友李娜散佈的謠言，說自己昨天與客戶在酒店交談徹夜不歸。看到同事們都在用異樣的眼光看自己，劉麗感到十分揪心。隨後，這件事就成為其他同事茶餘飯後的談資。劉麗當時感覺受到屈辱，痛苦極了。但是她又相信：是非止於智者，清者自清，濁者自濁，時間會證明一切。一段時間之後，大家也都覺得李娜所說之事經不起推敲，沒人再提起此事了。

劉麗被捲入「是非」之中，但是她不予理會，最終謠言也不辯而散了。所以，在生活中，我們也要像劉麗那樣，相信「是非止於智者，清者自清，濁者自濁」的道理，將謠言擱置一邊不予理睬，這樣才能真正終止流言，讓自己獲得內心的平靜。

所以，對於生活中的一些流言，我們可以置之不理。但是，對於一些子虛烏有，已經對自身的名譽造成重大損害的流言，我們則可以考慮以法律加以追究，即便是借助法律武器，也沒必要有太大的心理壓力，因為一切都是人之常情而已。

總之，路是你自己的，人生也是你自己的，不必太在乎別人對自己的看法。真正懂得對自己好的人，是能正視流言、有所取捨的人。

# 莫與他人爭輸贏

生活中，很多事情本身沒有答案，我們在與人交往的時候，千萬不要太過計較，不要與他人爭輸贏，這樣不僅會置自己於痛苦之中，還會傷及朋友之間的和氣，這是得不償失的事。與朋友交往，很多事情，最好能糊塗了之。對於一些原則性的問題，最好能將心放寬一些，該馬虎時且馬虎，否則，只會置自己於孤立的狀態。

王翔是中文系的才子，不僅能詩善文，而且也很有口才。這樣的人，周圍應該有很多朋友才是，但是事實相反，主要是因為他是個愛爭輸贏又好強的人。

有一次，王翔參加婚禮，在如此喜慶的場合，王翔卻因為太愛計較，把場面搞得很尷尬。

席間司儀說：「在座的朋友都知道，新郎、新娘是名副其實的『青梅竹馬』，在這裡我給大家解釋一下這個成語的來歷：相傳宋代的時候有個著名的女詞人李清照，她與她的丈夫趙明誠自小相愛。」司儀的解釋顯然是錯誤的，但是在場的人出於禮貌，誰也沒去說破。王翔卻忍不住大聲在台下說：「你說錯了，這個成語是李白寫的。」頓時，司儀臉上紅一陣白一陣，但是對方又是個嘴硬的人，接著說：「這位先生，您說是李白寫的，有什麼證據嗎？」

王翔得意地說：「當然有了，這個成語出自李白的《長干行》。」這樣一來，那個司儀面子盡失，場面頓時冷清。這時候新郎將王翔叫到一邊說：「人家是來幫忙的，你跟人家較什麼勁呀！這是結婚典禮，又不是學術辯論會。平時大家不願意與你交往，就是這個原因……」

因為一件小事與朋友發生爭執的話，你讓對方贏，他又能贏到什麼？所謂的輸，你又能輸掉什麼？這個所謂的輸和贏，只是文字上面的不同罷了，我們大部分的生命都浪費在語言的糾葛之中。其實，為了一件小事與他人計較，並沒有留下任何的輸贏，又會讓你們失去本該好好珍惜的感情！

糊塗處世，並不是讓人凡事不認真，而是說，做人做事不要鑽牛角尖，不要太過死板，要懂得靈活變通，該馬虎的時候馬虎一點，這樣才能讓自己的人生更輕鬆自在呀！

# 微笑是最好的武器

有人問寺廟中的彌勒佛為何肚子很大，而且還總是笑口常開。智者回答：「大肚能容，容天下難容之事；笑口常開，笑天下可笑之人。」微笑是世界上最美妙的表情，一個經常微笑的人，必定擁有像彌勒佛那樣寬廣的心胸。微笑能化解仇恨、矛盾，化解人間所有的不愉快，它也還能讓羞辱者無地自容。同時，它像旭日東昇的朝陽一般，能驅走責難者的陰霾，照亮誹謗者心中的黑暗。

亞伯拉罕・林肯是美國第十六屆總統，也是美國歷史上最受人敬仰的總統之一。當時的美國社會很注重一個人的出身門弟，大部分議員都出身貴族，都屬於上流社會的人。這樣的人有一種天生的優越感，總是瞧不起那些出身卑微的人。

就在林肯競選總統前夕，有一次，他在參議院發表演講時，遭到一個議員的羞辱。這位參議員盛氣淩人地說道：「林肯先生，在你演講之前，我希望你記住，你僅僅只是一個鞋匠的兒子。」這話剛說完，全場響起一陣哄笑聲。很明顯，那位參議員的目的就是要打擊林肯的自尊心，讓他自動退出競選。

面對嘲笑，林肯異常冷靜，面帶微笑對著那位參議員說：「十分感謝，你使我想起了自己的父親，我一定會永遠記住你的忠告：我永遠是鞋匠的兒子。我知道自己做總統永遠無法像我父親做鞋匠做得那麼好。」

林肯面帶微笑對那個參議員說道：「據我所知，我父親從前也為你家做過鞋子，如果不合腳，我可以幫你改進，我從小跟我父親學過做鞋的技術。」

然後，他轉身面帶微笑對所有參議員大聲說：「任何人都一樣，如果你們穿的鞋是我父親做的，如果你們需要修理或改進，我一定盡力幫忙。但是有一件事是肯定的，我無法像我父親那麼偉大，因為他做鞋子的手藝是無人能及的。」

這時，所有嘲笑聲全化為讚歎的掌聲，而那名參議員的臉則是非常難堪。

林肯用微笑化解了他人的刁難，這微笑的背後，是一顆寬容和善良的心胸，正因此也贏得了眾人的讚賞。在面對別人的羞辱或誹謗的時候，心胸寬廣的人不但可以穩如泰山，而且還可以理智化解危難。俗話說：「將軍額上能跑馬，宰相肚裡能撐船」，看一個人能夠做出多大的事業，就要看他的胸襟有多麼遼闊。向大海中扔一顆石頭，大海依然波瀾不驚；但如果向小河扔一顆石頭，那麼，就會濺起許多水花了。

心胸豁達，志存高遠的人，是不會為一時的得失或一時的名聲去與他人明爭暗鬥的，在面對小人的羞辱時，只會覺得對方是可笑的，就像一個大人看一個小孩子玩遊戲一樣。因為他豁達的心量和底蘊，足以將打擊者扔過來的小石頭淹沒了。

# 人生不必太計較

世上的許多是是非非本身是沒有答案的，所以我們不必凡事都要去爭個明白。否則，只會讓自己的內心受累，甚至會為此付出巨大的代價。

古時候有一個叫做麻亞的人，他從雅典到敘拉古去遊學，在經過義大利的卡塔尼山時，無意間看到了一隻大老虎。進城以後，他就大肆在城中宣傳：卡塔尼山上有一隻老虎。對於這個消息，沒有一個人相信。但是，麻亞仍舊堅持自己的看法，說自己確實看到老虎，而且還是一隻非常雄壯的老虎。無論他將自己見到老虎的過程描述得如何生動，就是沒人相信他。最終，麻亞為了證明自己是對的，就對城中的人說，不信的話，我可以帶你們去看看。

果然，有幾個膽大的年輕人跟著麻亞上了山。但是，麻亞帶著這幾個人將整個山都尋遍了，卻連老虎的毛都沒見到。麻亞覺得自己很沒面子，仍舊堅持自己的看法。

城中的人不僅不相信他，而且還說他是個瘋子。這時候，麻亞為了證實自己是對的，就親自帶了獵槍隻身上了卡塔尼山。他非要找到那隻老虎，還揚言要打死老虎，讓全城的人都看到。

然而，自麻亞上了山以後，就再也沒有回城了。幾天之後，人們在山中發現了一堆破碎的衣服，原來麻亞在山上尋虎的過程，不小心被一隻大熊給吃掉了。

人生中的很多事情本身就是是是非非，真真假假的，如果你非要證明自己的正確性，可能會付出很大的代價。為此，生活中的一些小事，切不可過於計較，那樣只會傷及了你自己。

在平時的生活中，我們與周圍的人或朋友相處的過程中，總會遇到雙方意見不統一的情況。這時候，我們很容易就會因為堅持自己的觀點而與對方發生爭論。毫無疑問，爭論對於認清事物的真相是至關重要的，但是凡事必要爭個明白的做法是不可取的。可以試想一下：當你被別人誤解，如果你急於去證明自己而反覆向對方做出解釋，或很有可能會被別人認為是惱羞成怒，結果有可能是越描越黑，不僅沒有解決問題，還浪費了時間、精力，同時還影響了你與對方的和諧的人際關係，無疑是得不償失的。最好的解決方法就是，將心胸放寬一些，尤其是對於一些無傷大雅的小問題，我們更沒有必要去與別人較勁，否則就算你贏得口頭上的勝利，卻失去彼此之間的情誼。

# 理解是相互的

生活中，很多人經常會有諸如此類的抱怨：上班如此辛苦，回到家還要做家務，抱怨老公不理解自己；工作很難做，受到上司訓斥，會抱怨上司不理解自己。每個人都渴望被他人所理解，但是，絲毫不願意主動去理解他人。

俗話說，若要人敬己，先要己敬人！理解也是如此，想要被別人理解，首先要去理解他人。人際交往是平等的、雙向的，就像有付出就有收穫一樣。在很多時候，只要讓他人感覺到你理解他，那麼，他必也可以站在你的立場理解你。

有一天，劉濤和傑瑞一同到外地出差，在途中，他們下車吃了午飯以後，劉濤說要去買水。五分鐘之後，劉濤空手而歸，還帶著一股怨氣。

「怎麼啦？」傑瑞問道。

「對面小商販真是太可惡了，我遞給了她一千元，她看了看說，現在生意太忙，無法兌換零錢給我。她把我當成來兌換零錢的人了。」

但是傑瑞卻不這樣認為，他讓劉濤在這邊等一會兒，他拿著一千元，去找剛剛的小商販。

傑瑞溫和地對小商販說道：「女士，您好，能否幫我一個小忙，我剛剛來這裡出差，路過這裡，想買一瓶水，但是我手頭只有這張一千元了。在您最忙碌的時候打擾您，真是不好意思！」

那位賣水的老太太看了傑瑞一眼，就遞給他一瓶水說：「送你一瓶吧！」

劉濤看著傑瑞拿著一瓶水回來，不解地問：「你是怎麼做到的？」

傑瑞笑著回答道：「如果你要讓他人理解你，那麼，你就先試著去理解別人。如果用同理心來表達需要，那麼，自己的需要也就容易得到滿足了。」

傑瑞之所以會成功，就是因為他先同理了別人的忙碌，同時又表達了自己的需求。這樣的人，哪個人會拒絕他呢？

生活中，與他人發生矛盾，主要是我們缺乏耐性，不能靜下心來去理解他人。如果我們能夠去理解他人，那麼就可以收到意外的收穫。

當然，理解他人也需要一些技巧，比如一個會心的微笑，一次主動的握手，一個真誠的禮讓，一個小小的包容，足以消除你們之間的誤會。總之，學會去同理別人是贏得和諧人際關係的重要法寶。

# 世界上沒有絕對的公平

生活中，很多人都會不停地抱怨「這個世界太不公平了！」我們事事都想追求公平合理，稍有不公平的事情發生時，心中就會憤憤不平，就會抱怨和埋怨不停。可是，你知道嗎？世界上沒有百分之百的公平，所謂的絕對的公平，只是你內心的一些非理性的想法。

一位有才華的青年，畢業後卻遲遲得不到重用。於是，就向一位智者哭訴和抱怨，他說：「當下的求職不外乎兩種途徑，要麼帶著文憑到前門去見陌生人，要麼提著禮物到後門去見熟人，這個世界真是太不公平了！」

智者聽罷，笑著對他說道：「什麼叫做公平？你現在把這兩個字寫下來讓我看一看。」青年立即提筆在紙上寫下了「公平」兩個字，並且遞給智者。

智者接過紙張笑容可掬地說道：「你看，『公平』這兩個字，前一個四畫就寫完了，而後一個用了五畫才寫完，這『公平』兩字的筆劃本身就是不公平的，怎麼說『公平』是公平的呢？」

青年聽了頓時啞口無言。

這個世界上並沒有絕對的公平，如果你不憑個人感情做事，端正你的個人態度，用豁達的態度去面對生活，那麼，你是永遠也找不到公平的，會永遠活在抱怨和憤懣的天空之下。更何況，公平不公平對你真的有那麼重要嗎？我們真的需要那些所謂的公平嗎？誰都無法否認，在很多時候，公平不公平真的沒那麼重要。讓我們耿耿於懷，憤憤不平，抱怨不止的所謂的公平，只不過是人們進行爭鬥的藉口而已。

你要知道，這個世界並非是按照公平的原則創造出來的。你看一下大自然中的食物鏈：鯊魚吃小魚，對小魚來說是不公平的；小魚吃小蝦，對小蝦來說是不公平的；小蝦吃浮游生物，你所追求的公平，在世界上是根本不存在的。

在一些世界級的競技、體育比賽中，很多人所標榜的「公平」，也只是一個相對的概念。多數的規則是人定的，也是由人來執行的。只要是人都是有私心的，人的意識在不同的階段也是不同的，每個人都有自己的好惡傾向，要想做到絕對的公平是不容易的。

我們本身都生活在一個不公平的世界中，每天每時都要面對各種各樣的不公平，如果你不明白其中道理，只會讓自己的心理失衡，置自己於痛苦和焦躁之中。與其在焦躁和痛苦中度過，不如及早地認清現實，擺正心態，讓自己快樂起來。

# 嘲笑別人，就是在嘲笑自己

生活中，一些人看到他人的「缺點」或「不足」，就會過去嘲笑對方。殊不知，金無赤足，人無完人，你可能也有這樣或那樣的「缺點」和「不足」，只是你自己看不到而已。你在嘲笑別人的同時，也可能是在嘲笑你自己。為此，無論在什麼時候，都不要輕易地拿別人的「缺點」開玩笑。

幾位知識淵博的教授每天都一起乘坐小船到對岸的學校去上課，為他們開船的是一位老漁夫。

有一天，一位天文學教授興致勃勃地指著天空，並問船家道：「船家，你了解多少天文學知識呢？」

船家很是羞愧地回答道：「教授，我書讀得不多，所以，對天文學知識是一無所知。」這位天文學教授得意地說道：「你不懂天文學，那你已經失去了二十五％

的生命了。」

過了不久，另一位元生物學教授又問道：「船家，你對生物學了解多少呢？」船家就羞愧地回答道：「對不起，教授，我也不懂什麼是生物學。」

這位元生物學教授驚奇地說道：「你連生物學也不懂，那你可是失去了五十％的生命了。」一會兒，這位元生物學教授就指著水中的水草說道：「你長年在湖上奔波，應該懂一些植物學吧？」

船家聽罷，羞愧得直搖頭說：「我……我真的不知道。」教授就忍不住大笑起來，說道：「可以說，連植物學都不知道，你已經失去七十五％的生命了。」

也就在這個時候，突然天氣大變，狂風怒起，暴雨驟起。小船在風浪中撞到了一塊大大的巨石，這個時候，船底就破了一個大洞，河水馬上就湧了進來，眼看小船就要沉底了。

船家連忙準備跳水逃生，於是他便關心地問幾位教授：「你們到底會不會游泳？」教授已經嚇得面無人色地回答：「我們哪裡會游泳啊！」

船家很同情地說：「你們懂得那麼多知識，在緊急時候，卻連自己的性命都救不了，這下你們就要失去一百％的生命了。」

我們在嘲笑別人的同時，其實也是在嘲笑自己。世界上的任何人都並非十全十美，兩位元教授的錯誤在於拿自己的優勢跟別人的劣勢進行比較，船家自然也比不過他們。但是自從周圍的環境改變以後，別人的劣勢可能也變成了自己的優勢，兩位教授連自己的生命都保護不了，那自己所擁有的那些優勢又有何意義呢？

為此，在生活中，我們千萬不要輕易去嘲笑他人的「短處」，即便你真的比他強，即便他身上真的有缺點，也莫要去嘲笑，這樣一方面會得罪他人，同時還會讓自己陷入痛苦和煩惱之中。可以試想，如果他人經常去指責你，並對你指手畫腳，你會怎麼樣呢？所以，在任何時候，我們一定要顧及別人的感受，不要隨便去嘲笑對方，否則，會讓你失去快樂！

# 凡事不求完美，但求自在

生活中，很多人總認為自己很聰明，於是處處錙銖必較，斤斤計較。有些人因為想做成一件事情，採用正面的手段達不到目的，就會採用陰暗的手段，以達到損人利己的目的。結果卻事與願違丟人現眼。其實，有些小聰明是正常的，它可以幫助人在處理問題的過程中走捷徑，提高效率。但是一定要用在正途，如果單單用小聰明、小精明去矇騙他人的話，那就會置自己於煩惱和痛苦之中。

凡事不求精明，但求自在，這是人生的一種大境界、大智慧。真正聰明的人不會時刻想著出風頭，而是懂得學會適時隱藏，自在處世，這樣的人有大原則，胸中有大志向，能夠低調做人，灑脫大度，相對來說，這樣的人更能成就一番大事業。

三國的劉備是個有大胸懷的人，先前在他投靠曹操之後，為了防備被曹操陷害，就在後院中種菜，以為韜晦之計。

而曹操為了試探劉備是否有野心，就讓劉備赴宴。劉備不知曹操的用意，心中忐忑不安。當兩個人飲酒在半醉半醒狀態之時，外面忽然烏雲密布，驟雨將至。曹操就問劉備：「玄德你久曆四方，一定非常了解當世的英雄，現在你可以說給我聽聽。」劉備就歷數了袁術、袁紹、劉表、孫堅、劉璋、張魯、張繡等人。曹操鼓掌大笑說：「這些碌碌無為之輩，根本不值得提！」劉備說：「除了這些人，實在不知道了。」曹操馬上笑著說道：「凡是英雄，必然是胸懷大志，腹中懷有良策，有包藏宇宙，氣吞天地的人。」劉備問：「當今天下，誰能稱得上是英雄呢？」酒酣之時，曹操失態地說：「當今天下的英雄，只有你和我了。」

聽罷此話，劉備心中一驚，手中的筷子馬上掉在地上。這個時候，恰巧空中雷聲震耳，劉備嚇得趕緊去撿筷子，並說道：「一震之威，真是把我嚇壞了！」曹操笑著說道：「大丈夫也害怕雷震嗎？」劉備說：「聖人說過，『迅雷風烈必變』，我怎能不怕呢？」曹操心想連雷聲都怕的人，能成什麼氣候呢？

然而，劉備其實採用的是大智若愚的策略，懂得適時隱藏自己的才能，保全了自己的性命，這為他以後成就大業，奠定了堅實的基礎。

在很多時候，要小聰明只是一時之勇，大智慧才是長久之計。一事當前，只有避過風頭才能夠考慮事情接下來的發展。正如一句老話所說：「木秀於林，風必摧之」，如果太過出眾又不懂得審時度勢必會受到摧折；虛懷若谷才能更好地適應環境，這是一種睿智、豁達的胸襟氣度，也是懂得隨機應變、見機行事的機智。

正如蘇東坡所說：「大勇若怯，大智若愚。」真正大智大勇之人，都是低調含蓄的。為此，生活中，做人千萬不要太精明，要學會低調，這樣才能讓自己獲得更多的快樂與自在。

# 別讓自己做怨婦

生活中，很多人裝了滿肚子的苦水，不斷向他人吐露：生活壓力太大，兒子不聽話，老公不理解自己，被主管批評，物價上漲。總之，只要稍不順心，就會不停抱怨。殊不知，抱怨就如肚中的苦水，會越吐越多。你每重複一次，內心就會痛苦一次，久而久之，這些負面情緒就會漸漸湮滅我們內心僅剩的一點點快樂與活力，最終你的內心會變得抑鬱，隨之，痛苦和煩悶也會成為你生活的一種習慣。

麗麗畢業於名校，工作也很好，但有一個缺點，就是愛抱怨。她總是牢騷滿腹，不是抱怨這個，就是抱怨那個，彷彿全世界的人都對不起她一樣。在工作中，她不是抱怨那個太笨，就是抱怨這個太工於心計。在朋友圈中，她會當著一個朋友說另一個朋友的不好，好像這個世界上所有的事情都令她討厭。

有一次，麗麗又和一位同事抱怨：「你不知道，我們公司的其他部門的人太有心計了，老闆太小氣了，用人特別狠，總想用最少的錢讓我們幹最多的活，我真想辭職不幹了。還有我們公司的副總，一天到晚自己不幹活，還不停訓斥別人，真是無法忍受了。」總之，她將公司所有人都指責了一番。

一開始，面對麗麗的抱怨，朋友和同事都會好言相勸，但是漸漸地，他們見到她都會躲之不及。公司的同事和朋友給她起了一個外號叫「怨婦」，沒有了真正的朋友，麗麗也變得越來越抑鬱了，她感受不到任何快樂！

生活中，每個人都不想成為他人情緒的「垃圾桶」，你無窮盡的抱怨，只會給人帶來極大的負面影響，就好像將他人置於陰雨連綿之中，見不到一絲陽光。生活中，沒有人喜歡生活在那樣的環境中，為此，人們見到那些愛抱怨的人，一定會退避三舍，敬而遠之，而愛吐苦水的那個人，也自然變得陰鬱了。

要知道，你如果想抱怨，生活中一切都會成為你抱怨的物件；而你若能夠擺正心態，生活中的一切都會成為你快樂的源泉。為此，無論處於什麼樣的環境中，我們不應該去不停地抱怨，向他人吐苦水，而要靠自己的努力去改變現狀，這樣才能夠祛除你內心的不滿，而這也是改變你目前一切不如意的最好的辦法。

任何人的人生路上，有陽光，也難免有陰霾；有平坦，也難免有坎坷；有暢通，也難免荊棘。所以，在任何時候，都不要為自己所遭遇的一切而失意，只要你能夠豁達樂觀一些，才能夠從容淡然地走好自己的人生之路。

# 批評不能解決根本問題

在生活中，很多人看到他人稍有差錯，就會去批評：你怎麼這麼笨啊，麻煩你動動腦筋好吧；你這樣做是錯誤的，告訴你多少遍了，怎麼還去犯這種低級錯誤呢！怎麼回事啊，是不是不想幹了……這些批評就像利刃一樣，刺痛他人的心。

要知道，這個世界上沒有一個人喜歡被批評，批評在很多時候根本不能解決問題，而是起到相反的作用。所以，我們一定要用積極的眼光去看待他人，少一些批評，多一些讚賞，這樣才能在和諧的人際達到心靈的安寧。

世界上，沒有一個人能夠安然地接受別人的批評，所以，批評在很多時候，根本起不到什麼作用，而且還會讓人產生逆反心理。海爾集團張瑞敏說：「人們對於欣賞的回應，遠遠比批評更為熱烈。」欣賞能夠激勵人們表現得為優越，以獲得更多的賞識；而批評則使人耗損，當我們貶低別人時，其實也是在默許此人往後依然會按錯誤的方式行事！

如果我們說一個人工作態度不佳，就等於讓他接受了自己工作態度不佳的事實，這也給了他工作態度不佳的權利。那麼，他可能會在工作中自暴自棄，也不再端正自己的態度了。相反地，如果你讚賞他勤快，可能他會更加勤快努力。

所以，要讓事物往正面積極的方向發展，就一定要多讚揚少批評，這樣不僅能讓自己少些憤怒，而且還能讓自己成為受歡迎的人，使你的人際處於和諧的狀態。

第九章

# 遠離痛苦，心無旁騖即是淨土

人之所以會痛苦，在於內心的欲望太多。我們之所以不能心平氣和面對生活，無法體驗到富足生活帶給自己的快樂和幸福，是因為沒能及時驅趕內心無休止的欲望，沒有制止內心對外在物質的追求。如果你想要活得快樂、幸福和滿足，要想過得心安理得，就要及時驅除內心燃燒的欲火，這是獲得快樂和幸福人生的根本。

# 生命不能承受太多的苦難

泰戈爾說：「內心的平靜是智慧的珍寶，它和智慧一樣珍貴，比黃金還令人垂涎。」漫漫人生之路，的確，擁有一顆寧靜之心，比那些汲汲營營於賺錢謀生的人能夠更深刻體驗到生命的真諦。

如今，隨著人們忙碌的步伐越來越急促，人們內心承受的勞累越來越多，生命所承受的痛苦也越來越沉重。然而，痛苦和沉重並非是生命本應有的狀態，我們不應該讓其承受太多的苦難。

有四個青年，在二十歲一同去銀行貸款，銀行答應要貸給他們每人一筆鉅款，但是，條件是他們必須在五十年內還清本利。

四個青年是如何支配這筆款項呢？

第一位青年先用這筆款玩了二十五年，再用生命的最後二十五年努力工作，以償還債務，結果他活到七十歲的時候，仍舊負債累累，一事無成。他的名字叫做「懶惰」。

第二位青年則是利用前二十五年拚命工作，到五十歲的時候已經還清了所有的貸款，但是那一天他卻累倒了，不久之後，他死於非命，骨灰盒上面掛著一個牌子，上面寫著他的名字：「狂熱」。

第三個青年在他七十歲的時候，還清了所有的債務，但是，沒過幾天離開人世，他的死亡通知書上寫著他的名字，叫做「執著」。

第四個青年，在拿到貸款之後，努力工作了四十年，在他六十歲的時候就還清了所有的債務，在他生命的最後十年，他成為一位旅行家，走遍了世界上所有國家。在他七十歲的時候，他仍舊面帶微笑，人們至今都記得他的名字，就叫做「從容」。

而當年貸款給他們的那家銀行叫做「生命銀行」。

生命不能承受過多的痛苦和苦難，懶惰、狂熱、執著，都會讓我們的生命變得蒼白無光，失去其本應有的繽紛的色彩，唯有從容，才能讓我們的內心平靜下來。

從容可以放飛心靈，可以還原人的本性。從容可以使人能夠真正享受人生，在努力中體驗快樂，即便是遭受挫折，也能保持樂觀。從容可以使人遠離名利以及外界的一些喧囂，在別人都忙於追名逐利時仍堅守寧靜，在淡泊中充實自己，超越自我。所以，不管人生遇到什麼樣的磨難和坎坷，我們都要從容面對，只有這樣才能取得成就，品嘗生命的真滋味。

# 讓心靈沐浴在陽光下

喬治是一家大型廣告公司的業務經理。在一次偶然的邂逅中，他學會一種「坐在陽光下」的生活藝術，這是他第一次在繁忙的生活和工作中找到寧靜的感覺。

在一個三月的早上，喬治正匆匆忙忙走到紐約一家旅館的路上，左手提著筆記型電腦，右手抱著厚厚的一疊急需處理的檔案文件。其實，喬治是來紐約度假的，但是仍舊無法逃離他的工作。

喬治快步走入臨時辦公室中，準備花幾個小時來處理這些檔案文件，他的好搭檔坐在搖椅上面，用帽子蓋住他的眼睛，用緩慢而愉悅的腔調說：「你要幹什麼去啊，喬治，這麼美好的陽光之下，你那樣趕來趕去是不行的。過來坐在這裡，好好地坐在搖椅上享受一番吧，這可是我最近發明的一項減壓術。」

這話聽得喬治一頭霧水，就問道：「與你一起練習這一項藝術嗎？」

「對呀，」他答道，「這一項已經被人所淘汰的生活藝術。現在已經很少有人知道怎麼去享受了。」

喬治問道：「那你趕快告訴我是什麼，我沒有看到你在練習什麼藝術啊！」

「我現在正在練習啊！這項藝術就是『靜坐在陽光下』。靜坐在這裡，讓陽光灑在你的臉上，感覺很溫暖，陽光的味道聞起來也很舒服。你會覺得內心無比愜意和平靜，一會兒，陽光照在心裡，心靈像被洗了澡一樣舒暢！」他興奮地說道。

「太陽從來不會匆匆忙忙，只是緩慢地善盡職守，也不會發出什麼嘈雜的聲音，不會按動任何按鈕，不接任何電話，不搖任何鈴，只是一直灑下陽光，而太陽就在一剎那間，做的工作比你一輩子做的事情還要多得多。想想看，它做了什麼，它能使花兒開放，能使樹木長大，能使大地變暖，使果蔬旺，使五穀熟；它還蒸發了水，然後再讓它回到地球上，最重要的是，它能夠讓內心回歸『平靜』，這是陽光給我們的最大賞賜！」

「果真如此嗎？」喬治睜大了眼睛看著他。

「從現在開始，你趕快把你要處理的那些檔案扔到角落去，跟我一起到這裡來好好享受一番吧！」

於是，喬治照做了，內心平靜至極。當喬治再次回到辦公室處理那些檔案的時候，幾乎一下子就完成全部的工作，喬治終於可以完全享受「沐浴在陽光下」來徹底放鬆自己。

沐浴在陽光下，給心靈洗個澡，可以讓我們真正感受到生命的意義。無可否認，保持內心的平靜是緩解壓力一個最重要的方法。為此，當我們工作了一段時間之後，不妨也學習這種「坐在陽光下」的放鬆藝術，為自己的心靈騰出一個安靜的空間，讓自己體驗一下輕鬆閒適的生活。

當我們工作太過疲憊，當我們面對生活的重壓之時，我們完全可以觀察一下我們所喜歡的植物和動物，思考一下自己最感興趣的事情，或者是僅僅站在窗邊，放下所有的壓力和束縛，看看藍天白雲，聞聞花香，望望窗外的綠草地，讓思維從工作中跳出來，完全可以讓你感受到生命的活力。

# 人生百年，來去赤條條

現代社會，有些女士要穿名牌服裝，要用LV包包，要用LVMH香水，也有些男士要穿鱷魚皮鞋，要開賓士寶馬，要戴勞力士的手錶，孩子要上貴族學校，要用最新款的手機，正是這些具有「品味」的東西，將人們從幸福和快樂的生活中剝離出來，將自己變成一個超豪華的奴隸。每天都過這樣的生活，哪有什麼幸福和快樂而言，當人們開始沉溺於這種物質生活時，忽略了內心的感受時，就真正與幸福遠離了。

我們生活中所苦苦追尋的東西，最終又有哪一樣是屬於自己的呢？只有心靈的輕鬆與快樂才是生命永恆的真諦，才能讓生命散發多彩的光芒。可以說，心靈是稱量生命的天平。

現代社會，我們太容易被內心的欲望牽著鼻子走，任欲望在內心肆無忌憚地滋長，這讓我們心靈負載了太多的負擔，好像永遠沒有停下來的時候。「累！累！

累！」成了我們呼之欲出的口頭語。我們在欲望中痛苦掙扎，不知如何解脫。

一位哲學老師給學生們上了難忘的一課。在課堂上，老師拿起一杯水，問學生：「這杯水有多重呢？」多數學生回答，不過有一百克左右而已。

「當然，它僅僅只有一百克，那麼，如果讓你們端起這杯水，能端多久呢？」聽到老師這麼問，學生們都笑了說：「僅僅一百克水而已，能端著它堅持很長時間沒問題！」

老師接著說：「端著它堅持半個小時，我想大家肯定沒有什麼問題。如果拿一個小時，大家可能都會覺得手酸；如果讓你堅持一天，甚至堅持一個星期呢？那可能得叫救護車了。」大家都認同而笑了。

老師又講道：「其實這杯水的重量是很輕的，但是當你拿得久了，就會覺得沉重無比。這就如我們內心不斷積累的一個個小小的欲望一樣，無論它有多小，只要時間一久，終將成為心靈沉重的負擔。」

如果我們能夠及時放下這杯水，休息一會兒之後再拿起來，那麼，你一定能夠持續得更久一些。為此，生活中，我們一定要學會適時放下心中的欲望，讓自己的心靈有一個好好休息的時間，這樣才能讓生命持續得更長久。

心靈的負累都是由一個個小小的欲望積累而成的，我們要讓心靈獲得輕鬆自在，就要學會適當放下心中負載的欲望包袱，輕裝上陣，這樣才能讓自己走得更遠。

心中多一份欲望，生命就會多一份痛苦；心中多一份捨棄，生命就會多一些快樂。當你感到心累或者痛苦的時候，試問一下自己，百年以後，哪一樣是自己的？這樣就會讓自己放慢追求的腳步，丟棄一些欲望，讓自己獲得恒久的快樂了。

# 痛苦在於追求錯誤的東西

人之所以痛苦，在於追求錯誤的東西。何謂「錯誤的東西」呢？其實，錯誤的東西是指那些本不該屬於我們自己的東西，那些超乎我們個人能力以外的東西。去追求那些超乎自身能力以外的東西，一定會感到心累至極，痛苦也會隨之而來。

比如，一個大學生，剛剛工作就想住奢華的房屋，開名貴的汽車，但是他本身又沒有足夠的能力得到，於是每天開始不停抱怨，痛苦就如影隨形了。為此，要遠離痛苦，就要去珍惜自己當下所擁有的，追求自己力所能及的東西，這樣才能夠使內心獲得真正的平靜與快樂。

有一位男子已經三十五歲了，各方面條件雖然不錯，但是仍舊沒有戀愛、成婚。為此，他也苦悶，經常出入婚姻介紹所。

有一次，他到一家婚姻介紹所，進了大門以後，迎面看到兩扇小門，一扇門上寫著「美麗的」，另一扇寫著「不太美麗的」。

這位男子想，前一扇門裡面一定有許多的絕色美女，同時還不停幻想那些絕色美女的模樣，心中很高興，就推開那扇寫著「美麗的」門。就這樣，推開以後，遠處又出現了兩扇門。一扇門上面寫著「年輕」的，而另一扇上面寫著「不太年輕」的。於是，他又推開那扇「年輕」的門。這樣一路走下去，男人先後推開了九道門，內心不停幻想，最終當他推開最後一道門時，門上又寫著：您還是到天上去找吧！

這雖然是一則笑話，卻說明一個道理，他所追求的東西是錯誤的，是人間根本不存在的，即便把自己累得氣喘吁吁也無法達到目的。而塵世中的許多人何嘗不是像這個年輕人一樣，因為執著於追求一些錯誤的東西，才讓自己的心靈多了額外的負累，才使自己陷入痛苦之中。

其實，我們都有這樣的體驗：當我們年少的時候，因為無所求，無所欲念，所以感到無比的快樂和容易滿足。但是，當我們成年之後，因為要面對太多的世事和誘惑，心中的欲望就越來越多，為了滿足自己，我們每天都在不停撿拾，自以為裝進去的都是好東西，殊不知，撿起來的恰恰是無盡的煩惱。也正是這些，趕走了所有的快樂，為此，我們說，追求錯誤的東西，會置我們於痛苦之中，只有杜絕這些貪念，珍惜當下所擁有的，做自己力所能及的事情，才能獲得滿足。

如果你明白這一點，就要勇於放棄一些負累你心靈的東西，勇於放棄遠遠超乎我們能力之外的「目標」，這樣才能讓自己獲得真正的快樂。

# 知足常樂

當我們為忙碌的工作不停抱怨的時候，有的同齡的人還處於失業的狀態；當我們對自己肥胖的身材耿耿於懷時，有的人卻被疾病纏身而躺在床上；當我們正在糾結要穿哪雙鞋而出門時，有的人卻終生與拐杖為伴；當我們對當下貧窮的生活而不滿時，有的人卻已經沒有明天了。

其實，無論我們處於什麼樣的狀態之中，我們擁有的已經很多了，學會知足，丟棄那些更多的要求，放棄那些不可能實現的夢幻，放棄那些過分的狂喜，你的內心便可以獲得寧靜和快樂。

我們賺錢，無非是為了讓自己生活得更好、更舒心。如果我們只顧埋頭苦幹，不懂得知足長樂，生活的品質就會大大降低，快樂也必然減少。只有時常對自己說：已經夠多了，才能讓自己及時停下來，獨享其樂融融的美妙的生活。

有一首《知足常樂》的歌謠，這樣寫道：「想想疾病苦，無病既是福；想想饑寒苦，溫飽既是福；想想生活苦，達觀既是福；想想亂世苦，平安既是福；想想牢獄苦，安分既是福；莫羨人家生活好，還有他家比我差；莫歎自己命運薄，還有他人比我厄……」是的，無論你是貧窮，還是富有，無病、溫飽、達觀、平安、安分，都是人生的大福氣，明白這些道理，我們何必去苦苦追尋那些與快樂無關的物欲呢？

# 抓得越緊，失去就越多

捨得，捨得，是說，人生有捨棄才能有所獲得。如果你捨棄了物欲，就等於捨棄了心的重負，也就能獲得快樂。捨棄了名利的羈絆，捨棄了捆綁心靈的枷鎖，也就獲得永久的輕鬆與坦然；捨棄了自己無可企及的目標，等於捨棄了心靈的煎熬，也就獲得了永久的寧靜。

在很多時候，你所得到的往往是在捨棄之後，很多東西，你抓得越緊，失去就會越多，甚至還會為此付出代價。

一個渴望擁有很多財富的人，聽到沙漠中有金子，於是就帶著食物與水到沙漠去找尋。忍受了幾天炎熱的煎熬後，沒有發現寶藏，但是身上的食物和水卻已經沒了。他已經兩天沒有喝過一口水，吃過一口麵包。他已經沒有力氣向前行走了，於是就靜靜躺在那裡等候死亡的降臨。

就在即將死亡的那一刻，他向神做了最後的祈禱：「神啊，請幫幫我這個可憐的人吧！如果我能獲得一點點的食物或水的話，我寧願放棄尋金計畫。」

剛說完，神果然賜給他一些水和食物。等他快速吃飽喝足以後，就想著自己已經忍受了如此多的痛苦和磨難，怎麼能夠捨棄尋寶計畫呢，說不定寶藏就在不遠處。於是就繼續向前尋找。

幸運的是，在前方不遠處，他果然找到很多金光燦燦的金子。那個人貪婪地將金子裝滿自己身上所有的口袋。

當他帶著沉重的金子向前走時，才發現他的體力已經承載不了如此重的金子了，而且，他已經沒有足夠的食物與水向前趕路了。但是，他還是仍舊背負著重重的寶藏往前走，隨著體力不斷下降，他開始扔掉一些金子，邊走邊扔，以至將身上的所有金子全部扔光，還沒能夠走出沙漠。最終，他又靜靜躺在地上，在臨死之前，他又開始向神祈求道：「請賜予我更多的水和食物吧！」

這時已不再有神回應他了。

死到臨頭，還沒能夠擺脫內心的貪婪與欲望，最終不僅沒得到金子，連性命也丟了，實在可悲。如果他能勇於捨棄心中的物欲，就能順利走出沙漠了。

《臥虎藏龍》有這樣一句經典的話：當你緊握雙手，裡面什麼也沒有，當你打開雙手，世界就在你的手中；只有懂得放棄，才能使你在有限的生命裡活得充實。只有適時捨棄，才能得到更多。

# 善待此生，改變生活

有一首詩這樣寫道：「花未全開月未圓，留有餘地才是美；隨心所欲不逾矩，把握尺度最智慧。」是說，生活不應該被裝得太滿，要留有餘地，要把握尺度，才能獲得圓滿。其實是告訴我們，生活中要把握尺度，別讓過多的忙碌疲憊了你的心靈。

作家葉天蔚曾這樣說過：「在我看來，最為糟糕的境遇不是貧困，不是厄運，而是一個人的身心處於一種無知無覺的疲憊狀態。那些感動過的一切不再感動你，吸引過的一切不再吸引你，甚至激怒過的一切不激怒你，即便是饑餓與仇恨，也是一種強烈到讓人感到存在的東西，那種疲憊會讓人止不住地滑向虛無。」如果我們的生活處於這樣的狀態之中，那麼你就要反思一下，並適當學著改變了。

一對恩愛的夫妻，丈夫因為遇到車禍而終生殘疾，為了給丈夫看病，妻子變賣了家中所有的財產。出院以後，丈夫再也站不起來了，只能躺在床上度日。從此之後，夫妻本來富裕的生活一下子轉入捉襟見肘的境地。如此巨大的打擊，讓丈夫心灰意冷，看到憔悴的妻子，他想一死了之。而妻子每天只是堅強地微笑著辛苦賺錢照顧丈夫。

他們住在不到十平方公尺的小屋子中，只有到黃昏的時候，才會有幾縷陽光透過小窗戶照進來。每在這個時候，妻子便會坐在丈夫的床頭，不停跟丈夫講窗外的景色：外面有明澈的小泉，有漂亮的野花，還有婀娜的垂柳，或者還有幾隻可愛的小鴨子在水中游動。日復一日，這樣生機勃勃的畫面，給丈夫帶來了新的希望，果然，丈夫在妻子的照料之下，終於站起來了，當他終於可以站在窗前的時候，愕然發現窗外是雜草叢生的荒草地和坍塌的磚牆。

但是，那又能如何呢？他已經完全站起來了！

不論是與人相處時，或是每日的生活，都要給自己與對方留下一個自由和寬鬆的距離，或適度的留白。

生命本應該是多姿多彩的，我們一定要適時地停下我們匆忙的腳步，改變一下心境，放鬆心靈，多去發現生活中的美，讓我們享受生活中的美。

「對酒當歌，人生幾何」，短短人生幾十年，此時不享受，更待何時？善待此生，改變生活方式，你就會發現，天空依然是這樣藍，樹木依然是如此綠。生活原來可以如此安寧和和諧。讓我們從此時開始盡情享受生活，好好善待生命！

# 享受孤獨之美

在人海中沉沉浮浮，心難免會浮躁、勞累！我們要適時為自己留一段空白，留一段雲淡風輕的孤獨，如此才能讓自己的內心沉澱下來，體味人生絕美的滋味。

孤獨是心靈的家，沉浸在其中，你會感到一種無比的幸福。心中有家，生命才有路。孤獨是一種感覺，是一種情緒；也有人說，孤獨是個性的濃縮，一種寂寞的悲哀，是一種欲蓋彌彰的表現。但是更為確切地說，孤獨是一種心境。每天為塵世忙碌的人，根本無法真正體會到孤獨的境界，沉湎於浮躁和焦慮的人，是無法體會到孤獨帶給人的那種靜美的滋味。

當你感到孤獨的時候，你完全可以隨心所欲，不用顧忌任何的眼色，這份自在，這份輕鬆，足以令人身心徹底的放鬆。如果你感受到這份自在，便能品嘗到孤獨的最大樂趣。

很多人在提及「孤獨」時，往往帶著同情或憐惜，認為它是一種難受的情愫，然而，孤獨卻是一種極高的人生享受，許多偉大的事業，無不是在孤獨中完成的。

「藝術天才」紀伯倫是一位偉大的詩人兼畫家，而他的藝術成就，多數是在孤獨的狀態下完成的。

紀伯倫在很小的時候就失去親人，孤獨和生活重擔常常壓得他喘不過氣來。為了排遣精神上的孤獨，他用充滿哀愁、傾聽和憧憬的手法投入散文和詩歌的創作，藉以釋放內心的壓抑和情感。當時的紀伯倫才剛剛二十歲，但是他的作品已經充滿了對社會的關注，而這一切的成就都是在孤獨中完成的。

後來，才華橫溢的紀伯倫得到了有藝術鑒賞力的瑪麗・哈斯凱爾的賞識，於是她就慷慨資助紀伯倫去巴黎學繪畫，最終成就了他藝術上的偉大成就。

在很多時候，孤獨之中的生命是最為充實的。你可以在孤獨中找回許多的失落，找到富有生命力的藝術靈感，為心靈拭去憂鬱和痛苦。人生只有在寧靜之中才能致遠，在淡泊之中才能明志，這樣的靈魂和生命又何嘗不是最充實的！要知道，人的潛能，未經過磨煉，怎能夠散發出光彩來。人生的痛苦，在很多時候是來自刻意的執著，為此，要擺脫痛苦，就要將心靈置於孤獨之中，重新規劃，這樣才能讓自己走得更久遠。

懂得品味孤獨的人，是真正懂得生活的人，是可以把握自己生活的人，獨處中自有樂趣，孤獨中自有愜意，有待你仔細去品味。

## 幫助他人就是幫助自己

尼采說過這樣一句話：「當我幫助受苦者的時候，我就是洗淨了我的雙手，同時也淨化了我的靈魂。」說明施捨不僅能給他人帶去陽光和快樂，也能讓自己獲得平靜、幸福和快樂。

有一位小女孩在走過一片草地的時候，看到一隻美麗的蝴蝶被草叢裡的荊棘刺傷了。這位善良的小女孩小心翼翼地幫助這隻蝴蝶拔掉了身上的刺，並將牠放飛回大自然。到後來，這隻蝴蝶化為一個仙女來人間報恩，對小女孩說：「因為你的仁慈，所以你可以許個願，我們讓它變成真實。」

小女孩眨著眼睛，想了想，說道：「我希望自己可以永久得到快樂。」於是，仙女就彎下腰去，在她耳邊悄悄細語一番，然後飄然而去。

果然，從此之後，這位小女孩獲得了莫大的快樂，一直到她老。後來，很多人都問她，並且哀求她：「請告訴我們，仙女到底跟你說了什麼方法，讓你度過快樂的一生呢？」

當年的小女孩已經變成一位老太太，她聽罷，笑了笑說：「仙女告訴我，施予他人，關懷他人就能得到快樂。」

小女孩無私去奉獻自己，無私去施捨，所以，快樂度過了一生。

生活中，無論是誰都有可能會遇到困難，只有真誠地給予他人幫助，我們才能深刻理解幸福和快樂的意義，才能擁有快樂和幸福的一生。

幫助他人就像雪中送炭，也像冬天裡的一把火，溫暖他人的同時，也能溫暖自己的心；還像甘露一樣，在滋潤他人心田的同時，也能將甜味永久留在自己的心中。所以，我們要獲得快樂，就要勇於去幫助他人，這樣才能讓世界變得更美好，才能讓自己在美好的世界中享受到真實的幸福。

第十章

# 擺脫糾結，簡單才快樂

人生最痛苦的就是徘徊於堅持和放棄之間，那種取捨不定的掙扎是如此痛苦。其實，這種痛苦主要來自於我們生活中的「選擇」太多。所以，如果我們能夠及時捨棄，讓自己的生活變得簡單些，就能找到生命的歸屬感，就會發現心靈的天空風輕雲淡，才能徹底擺脫糾結帶給我們的痛苦。

# 患得患失只會羈絆你前進的步伐

在前進的道路中，很多人因為患得患失，顧慮重重，猶豫不決，讓心靈背負沉重的包袱，為此而讓自己錯失良機，羈絆自己前進的步伐。

其實，人們猶豫、痛苦和焦慮的情緒無非是源於面臨眾多選擇所產生的難以割捨的矛盾心理。要知道，有選擇就會有放棄，而放棄又是每個人不情願的事情，為此，內心自然滋生出許多煩惱和痛苦了。

在古代，有一個非常優秀的弓箭手，他的箭百發百中，從來沒有失手過。為此，人們爭相傳頌他的高超射技，對他也十分敬佩。

後來，他的美名傳到當朝皇上的耳裡。皇上就命人將他請到宮中親自表演，並對他說：「今天請你來是想請你展示一下精湛的射技，如果你射中了遠處的那個目標，就賜給你萬兩黃金，如果射不中，就發配你到邊疆充軍。」

這位箭手聽了皇上的話，一言不發，神色激動。他取出一支箭搭上弓弦，但是心中想著此箭一出就關係著自己的命運呀！一向鎮定的他呼吸變得急促起來，拉弓的手也開始發抖，猶豫再三，終於箭離弦而去，最終箭落在離靶心幾尺遠的地方。他，脫靶了。這是讓人難以置信的問題，旁邊的大臣歎道：「看來一個人只有真正將得失置之度外，才能成為真正的神箭手呀！」

一個人考慮得越多，心裡的折磨就越大，前進的步伐就越艱難，成功的概率大大降低了。弓箭手之所以沒能發揮自己真正的射箭水準，在於他太過於在乎自己的得失，內心顧慮多了，心靈背負的東西重了，失敗自然也就降臨了。

在生活的道路上，我們可能都要面臨各種各樣的痛苦的選擇，就如同掉進深泥潭裡一樣，當遇到高成本的機會時，每個人都常常無法迅速做出選擇，因為他們都不願意輕易放棄可能得到的東西。因為肩上的東西太多，把已經擁有的抓得太緊，所以才會患得患失，才會導致最終的失敗。要知道，如果什麼都想要，最後不僅什麼都得不到，還會徒增許多痛苦。

為此，我們可以說，捨棄也是需要膽和智慧的。只有認清楚心中的真正目標，勇於將得失置之度外，才能減輕內心的痛苦，才更容易直達成功的彼岸。

# 丟棄多餘的「選擇」

生活中，我們之所以糾結，是因為生活中的「選擇」太多。

當我們只有一種菜可以吃，只有一件衣服可以穿的時候，我們一定不會因為吃什麼，穿什麼而糾結。當生活中「選擇」多了的時候，我們的生活就會處於莫名的混亂之中。

因此，要擺脫糾結，就要讓自己過一種簡單的生活，勇於捨棄那些擾亂我們心智的「更多選擇」，過一種簡單的生活。

有一位詩人，一生都在追求心靈的富足，而從不在乎外界物質的多寡。為了追求心靈上的富足，他不斷從一個地方到另一個地方。他的一生都是在路上，在各種交通工具和旅館中度過的。當然這並不是說他自己沒有能力為自己買一座房子，這只是他選擇的一種生存方式。

後來，由於他年老體衰，有關部門鑒於他為文化藝術所作的貢獻，就免費提供一所住宅給他使用，但是他拒絕了。理由是他不願意讓自己的生活有太多「選擇」，他不願意為外在的房子、物質而耗費精力。就這樣，這位獨行的詩人，在旅館和路途中度過了自己的一生。

詩人死後，朋友為其整理遺物時發現，他一生的物質財富就是一個簡單的行囊，行囊裡是供寫作用的紙筆和簡單衣物；而在精神方面，他給世人留下了十卷優美的詩歌與隨筆作品。

這位詩人勇於捨棄了外在的物質享受，選擇一種簡約的生活，最終才豐富了精神生活，為人類作出巨大的貢獻。他的人生是一種去繁就簡的人生，沒有太多不必要的干擾，沒有太多欲望的壓力，是一種快樂又純粹的人生。

當然了，對於追求夢想的人來說，要快樂地奮鬥，就必須選擇一個目標前行，不要貪多，否則，你的人生也會處於混亂之中。正如一個電腦一樣，在其系統中安裝的應用軟體越多，電腦運物的速度就會越慢，並且在電腦運行的過程中，還有大量的垃圾檔、錯誤資訊不斷產生，若不及時清理掉，不僅會影響電腦的運行速度，還會造成死機甚至整個系統的癱瘓。為此，我們必須要定期地刪除多餘的軟體，及時清理掉那些無用的垃圾檔，這樣才能保證電腦的正常工作運行。

對於人生也是如此，我們只有勇於捨棄過多的「選擇」，過多的物欲，才能讓心靈輕鬆前行，才能過一種幸福而快樂的生活，才不至於讓自己在眾多的「選擇」面前無所適從。

# 該出手時就出手

人之所以糾結，是因為太多猶豫。在奮鬥的道路上，猶豫是成功的首要敵人，它是勇氣的絆腳石。在面對一次機會，在我們對成功與失敗難以把握時，它往往把失敗的原因都一股腦兒推到面前，從而選擇失敗一方，使我們與成功失之交臂。

猶豫，使人失掉的是一個個機會。許多本來可以成功的人，正是因為沒有克服猶豫這個惰性，與機會錯失而抱憾終身。

有一位高智商、有學問的才子，畢業後，就決定「下海」做生意。

有位朋友建議他去炒股票，但是他猶豫道：「炒股有風險啊，等看看股市的大致形勢再說吧！」

又有一位朋友建議他到夜校兼職講課，他很有興趣，但是快到上課日期時，他又猶豫起來：「一堂講課，才這麼點收入，還那麼累，等以後落魄的時候再說吧！

」

就這樣，儘管他很有天分，很聰明機靈，卻一直在猶豫中度過。兩三年，沒有真正做過一件事，最終庸庸碌碌過一生。

世界中，處處充滿了機會，但是所有機會都是稍縱即逝的。一旦有了機會，就應該及時把握，拋卻猶豫，果斷決策，勇敢去行動。否則，你就會被猶豫所囚禁，也只能永遠站在旁邊看著別人成功。

猶豫不決，是成功的最大障礙。俗話說得好：「機不可失，失不再來。」在你猶豫不定時，你會發現機會已經溜走了，那麼，再埋怨和懊惱又有什麼用呢？真正有勇氣、有智慧、有膽略的人是不會猶豫不決的，這樣的人在任何時候都懂得把握機會，速戰速決直擊目標，這樣讓他們離成功越來越近。

過多的猶豫，除了給你帶來後悔和糾結之外，別無用處。為此，在追求的道路上，要該出手時立刻出手。

# 簡單才能快樂

梭羅的一句話至今感人至深，他說：「簡單點，再簡單點！奢侈與舒適的生活，實際上妨礙了人類的進步。」其實，生活原本是極為輕鬆的，但是我們卻活得很累。這主要是我們的生活太過複雜，每天都充斥在金錢、功利和利益的圍城中，為它們所角逐，在這樣的狀態中，我們能不疲憊嗎？

其實，簡單的生活，是最為真實和精彩的。當我們生活在燈紅酒綠、推杯換盞、斤斤計較、欲望及誘惑之外，不再挖空心思去依附權勢，不必去貪圖金錢，用不著留意別人看你的眼神，沒有鎖鏈的心靈，快樂而自由，隨心所欲，該哭就哭，想笑就笑，簡簡單單地存在著，何嘗不是一種愜意呢？

在城市的僻靜處有一條老街，街上有一家鐵匠鋪，裡面有一位老鐵匠，每天就是打鐵製作鐵製品、斧頭等等。他每天都坐在鐵門之內，貨物擺在門外，不吆喝，不還價，晚上也不收攤。這位老人過著與世無爭的簡單生活。

在賣貨的同時，他的手中也時常拿著一個簡陋的收音機，身旁放一把紫砂壺。老人不在乎生意好壞，他老了，掙的錢夠自己喝茶和吃飯就行了，他很滿足。

有一天，一個經營古董的商人從這裡走過，他無意間看到老鐵匠身邊的那個紫砂壺，經過仔細鑒定，商人發現這把紫砂壺是一個寶貝。商人沒有任何猶豫，對老鐵匠說：「我願意出十萬元買下這把壺。」老鐵匠聽到這個數字，內心顫動了一下，隨後馬上拒絕了。因為這把壺是他們祖傳下來的唯一東西。

自從那位商人走後，老鐵匠第一次失眠了。他真的沒有想到，那麼普通的一個茶壺竟然能值那麼多錢，他的內心開始不平靜起來。同時，商人走後，老人的生活也變得不再簡單了，周圍所有的人都來看他這個「寶貝」，門檻都快被踏破了。有的詢問他還有沒有其他的寶貝，有的甚至開始向他借錢。還有更為過分的，大半夜竟然來敲他的門。就這樣，他的生活亂了套。

過了一段時間之後，先前的那位商人再次帶著三十萬元現金登門，老鐵匠再也無法忍受了。這一次，他將左右店鋪的人全部招來，拿起一把斧頭，當眾就將那把紫砂壺砸了個粉碎。

要想活得簡單，首先要做的事情就是知道什麼才是自己真正想要的。

其次，要想過一種簡單的生活，就要做到心存簡單，不要讓心靈背著太多的欲望包袱，不要與其他人進行攀比，內心簡單了，欲望和追求自然就會少了。

# 坐看庭前花開花落

《菜根譚》中有這樣一句話：「寵辱不驚，坐看庭前花開花落。」意思是說，為人處世能視寵辱如花開花落般平常才能夠處變不驚。這句話說起來容易，做起來就難了。誰能夠保證自己一生都能做到不憂不懼、不悲不喜呢？很多事情我們只能夠坦然面對，很難改變。

世界著名的迪士尼樂園經過幾年精心的施工準備，馬上就要對外開放了。但是作為迪士尼樂園的設計師格羅培斯卻備感焦慮，他在為各個景點之間的路該如何連接而發愁。

那一天，他獨自一人駕車來到地中海海濱，想給自己放鬆一下，好讓自己在輕鬆的狀態中找出一個好的設計方案。汽車就在法國南部的鄉間公路上自由奔馳著。當他的車子拐進另一個小山谷的時候，發現裡面停著很多輛車。於是，他好奇地下了車，看到一些人挎著籃子在葡萄園摘葡萄。原來，這是一個無人把守的葡萄園，你只要在路邊的箱子裡投法郎就能任意摘一籃葡萄上路。

格羅培斯看到葡萄園的這種做法，一下子有了靈感。原來，這位葡萄園的主人因為年事過高，無力照料葡萄園，才想出這個辦法。令人不可思議的是，在這個盛產葡萄的地區，他的葡萄總是最先賣完。這種給人自由，任其選擇的做法讓格羅培斯觸動很深。

回到家中，他找到了施工部，讓他們撒上草種，並且準備提前開放迪士尼樂園。在迪士尼樂園提前開放的半年裡，草地上出現了許多小道，這些踩出的小道有寬有窄，優雅自然。第二年，格羅培斯讓人按這些踩出的痕跡鋪設了人行道。後來，在一九七一年的倫敦國際園林建築藝術研討會上，這個迪士尼樂園的路徑設計被評為世界最佳設計。

任何一件事物都有自己獨特的風采和特點，我們如果依照個人的意願只會抹掉其本來的面目，毀了它原本的價值，還不如順其自然，這也是我們對待人生的一種極好的態度和方法。

一位作家曾說：「在人生裡，我們只能隨遇而安，來什麼，品味什麼，有時候是沒有能力選擇的。學會隨遇而安，你能夠輕鬆挫敗生活中許多看似不可戰勝的困難。這是面對生活最為強硬的方式。」是的，在很多時候，逃避根本不是最好的方法，轉身也不一定是軟弱，面對人生的各種境遇，沒有必要委屈自己，也不必為之感歎、抱怨和痛苦，無論來去與否，無論漂流到何方，任你紅塵滾滾，我自朗月清風。人生本就很短暫，何不讓自己活得自在些呢？

# 不應只為了「面子」而活

多數人都是個講「面子」，並且愛「面子」的。在交際場合，我們經常為了顧及自己的面子而說出一些言不由衷的話，做一些表裡不一的事。公眾場合，我們也經常為了面子而大肆吹牛：明明沒有錢，但為了顯示出自己活得比他人好，有能耐，就逢人擺闊氣，裝「款爺」、「富婆」，今天請吃請喝，明天喝五吆六進舞廳，面子要盡了，卻欠下一屁股債務，暗地裡只能吃鹹蘿蔔；明明能力不足，但就因為撕不破朋友這一張臉皮，強裝君子風度，握手言歡，答應幫朋友做一些力所不及的事情，最終讓自己跳進痛苦的深淵；夫妻間明明已經是同床異夢，毫無感情，家庭已成為一種擺設，但一想起面子，就裝出一副男歡女愛的面孔來支撐婚姻，直到心力憔悴……可以說，面子是我們身心疲憊的源泉。

其實，人要面子其實並沒有錯，但是不要讓面子成為自己的一種負累，人不應只為那張「臉皮」而活。認真做自己應該做的事情，不做勉強的事，因為勉強本身不僅委屈了自己，也委屈了別人，最有面子的人生就是真實狀態下的人生。

古代哲人蘇格拉底的生活就值得我們仿效。

在鄰居眼中，蘇格拉底過的是一種「沒有面子」的生活。每天早晨，都會見他赤著腳走出家門，踩著晶瑩的露水，跳到一塊等待雕刻的大石頭上，仰起頭向太陽熱情問候，晚上與星星和月亮揮手告別。

他從來無視眾人怪異的眼光，披上他那破舊不堪的袍子，準備到集市上和民眾們辯論，傳播他的「思想」。

有一次，正為早餐而發愁的妻子跑出來，在眾人面前厲聲責備他，高聲向他叫嚷，抱怨家裡的米缸已經底朝天了，罵他天天無所事事，遊手好閒，不求上進。

蘇格拉底不顧眾人的竊笑，擁抱了老婆，向外邊走邊說：「親愛的，我去工作了。」

憤怒的妻子把一盆水潑向蘇格拉底，他頓時被澆成落湯雞。蘇格拉底對哈哈大笑的鄰居說：「看來我猜對了，電閃雷鳴過後，必有大雨傾盆。」

多數人都嘲笑蘇格拉底是個不要「臉皮」的人，在眾人面前也不講面子，經常做出丟臉的事。這正是蘇格拉底的高明之處，因為他明白不能只為了一張「臉皮」而拖累了自己的思想。對於他來說，面子不重要，思想才是最重要的，為了面子而擾亂自己的思想，是得不償失的。

為此，我們切不要為了面子而去花費兩三個月的薪水換一身新行頭；不要再違心地在眾人聚會時充大方搶著付帳單，卻見荷包癟下去而暗暗心疼；更不要再不懂裝懂了，承認自己也有無知的時候，沒什麼丟臉的。

人的一生不應該只為那張「臉皮」來活，想要活得灑脫，還是不要為了面子而讓自己活受罪。當然，我們說要放下面子，不是告訴你，要放棄自己的尊嚴。我們是說，那些華而不實的面子，在很多時候只是為了滿足自己的虛榮心罷了，該放下就必須放下，這樣我們才能活得輕鬆，活得瀟灑，活得快樂！

# 別讓碌碌無為的心態毀了自己

生活中，有這樣一群人：他們擁有大量的財富，但是不懂得珍惜，出手大方、住豪宅、開名車，時常舉辦各種派對，每天都生活在紙醉金迷之中。時間一久，就會感到莫名的空虛。他們經常為自身的價值而糾結，為找不到生活目標而痛苦。

財富的確是用來享受的，但是如果因為擁有大量的財富而讓自己碌碌無為，長期處於這樣的狀態中，養成了享樂的心態，內心除了糾結，是得不到真正的快樂。要知道，物質的享受，只能給自己帶來一時的滿足，但是心靈上的空虛和糾結卻是永久的。

人生在世不過幾十年，碌碌無為的一生，只會讓自己的生命空虛，讓生命失去其色彩。

有一次，一位年逾百歲的老人問老子，說：「先生，我聽說你博學多才，有一個問題想請教你！」

老子說：「請講！」

老翁說：「我今年一百零六歲，是當地的老壽星了。但是，說實話，從小到大，我都遊手好閒度日，與我同齡的人都很有作為，他們都開墾了百畝沃田，但是到頭來卻還沒有一席之地，建了幾舍房屋到最終卻沒有容身之地。我雖然一生不稼不穡，卻還吃著五穀；雖然有置過片磚只瓦，卻仍然居住在避風擋雨的房舍之中。」

說完之後，老翁露出了得意的笑容，他說出了自己想說的話：「我現在是不是可以嘲笑他們過於勞碌的一生，最終卻換來一個早逝呢？」

老翁想，這麼難的問題，一定會難倒老子。但是，老子卻微微一笑，對老翁說道：「老先生，麻煩你去幫我找一塊磚頭與石頭。」片刻，磚頭和石頭被呈了上來。老子說道：「如果現在讓你從中選擇一個，您要磚頭還是石頭？」

老翁聽罷哈哈大笑起來，最終指著磚頭說：「我當然擇取磚頭了。」老子跟著笑了，問道：「你為什麼選擇磚頭呢？」

老翁不以為然地說：「這還不簡單嗎？因為石頭沒稜又沒角，要它有什麼用處呢？」

老子又轉身問圍觀的其他人：「你們要石頭還是要磚頭？」

「磚頭，磚頭！」大家異口同聲叫了起來。這時，老子卻心平氣和說：「那我再問問你，是石頭的壽命長，還是磚頭的壽命長呢？」

眾人都不假思索地說：「肯定是石頭！」

這時候，老子才慢慢說道：「你也知道石頭壽命長，可是為什麼還是選擇壽命短的磚頭？它們的區別，不過是有用和沒用罷了。天地萬物不過如此，壽命雖然短，但是於人於天都有益，天之皆擇之，皆念之，短亦不短；壽雖長，於人於天無用，天人皆摒棄。」

老子如此的一番話，讓老翁頓時無地自容，也佩服老子對人生的理解。

人生就如同石頭與磚頭一般，想要作為什麼，關鍵就看自己的選擇。石頭雖然輕鬆，但是它感受不到生命的任何精彩；而磚頭能夠在各個領域中發揮自己的優勢，這是石頭從不可能體會得到的。

在短暫的生命中做出成就來，遠比在長久的生命中碌碌無為要精彩得多，人生的真諦也是如此。活要活出意義來，沒有任何意義的人生，即便活得再長，也無法創造價值，只是在虛度光陰，讓自己的靈魂空虛罷了。

# 用行動來告別糾結和猶豫

有一些人總是幻想著什麼時候才能成功，什麼時候才能擁有自己的公司，什麼時候才能成為千萬富翁；還有一些人總是這樣說：我想成功，但是還沒有考慮好，還不知道要做什麼……這些人每天都生活在空想中，給自己的思想增加了莫名的負擔，總是為自己的行動而糾結。

要知道，你身邊的一切皆來自於真真實實的生活，一味幻想，只會將事情複雜化，讓你無法面對現實的壓力，這樣不僅是在給自己增加思想負擔，最終也不可能取得成功。

有一位剛剛畢業的年輕人，很想成功，總想著用什麼方法可以一舉成名。他想了很多方法，都沒能將一件事情付諸行動。只是執著於每天的空想之中，就這樣，幾年過去了，他仍舊沒做出一點成就。為此，他非常煩惱，也極度焦慮。

這時，他去向一位名揚天下的企業家諮詢，詢問企業家是靠什麼名揚天下的。他說：「我每天都糾結於如何成功，如何成名，想了很多的方法，但是，幾年過去了，我仍舊平平庸庸，一無所成。」

這位企業家了解他的心思，就問他：「你真的很想成功，很想成名嗎？」

「對啊！我連做夢都在想，什麼時候才能像您一樣出名呢？」年輕人忙不迭地回答。

「等你死以後，你一定會大大出名。」企業家不慌不忙地說。

「為什麼要等到我死了以後才能出名呀？」年輕人吃驚地問道。

企業家說：「因為你一直想擁有一座高樓，可是從沒動手去建造這座高樓。所以，你一輩子都生活在空想之中，等你死後，人們就會經常提起你，以告誡那些只做白日夢、不肯動手去做事的人，如此一來，你就名揚天下了。」

幻想是美麗的彩虹，行動才是成功的階梯。

每天在幻想之中糾結，只會讓你的靈魂備受折磨，讓你離成功越來越遠。對於任何一個人來說，如果有了夢想，僅僅停留於空想的階段，永遠也無法達到你自己想要的結果，只會徒勞地給自己的思想增加負擔和無謂的痛苦。

要讓自己的心靈不再受幻想的折磨，就要立即行動，用行動驅逐幻想，讓幻想變成現實，這是解救自己的唯一方法。

# 用自己的雙手採摘幸福的果實

捫心自問，你是否曾經這樣幻想過：希望周圍的朋友提供給自己一份好工作；希望家人給自己一個安逸的生活環境；希望遇到一個條件優越的戀人，透過婚姻改變自己的命運；希望有個貴人可以助自己走向成功。回顧一下這些事情的結果，有多少真的如你所願了？

人，永遠不該把幸福寄託在別人身上，只有依靠自己，才能採摘到幸福的果實。

有一隻小蝸牛詢問媽媽：「為何我們從出生到現在，都要背負如此沉重的硬殼呢？」

蝸牛媽媽笑了笑說道：「因為我們身體中沒有骨骼的支撐，只能緩慢地向前爬行，而且速度還很緩慢，所以，我們需要這個殼的保護。」

小蝸牛抬起頭，疑惑地看著媽媽，說：「毛毛蟲姐姐也沒有骨頭，爬得也很慢，為什麼牠就不用背著這個又硬又重的殼呢？」

蝸牛媽媽說道：「因為毛毛蟲姐姐可以變成蝴蝶，天空會保護牠啊！」

「可是，蚯蚓哥哥也沒有骨頭，爬得也不快，又不會變成蝴蝶，為什麼牠也不背著這個又硬又重的殼呢？」小蝸牛依然不理解。

蝸牛媽媽說道：「蚯蚓哥哥會鑽土啊！大地會保護牠們啊！」

聽到媽媽的這番話之後，小蝸牛哭了。牠大聲地說：「媽媽，我們好可憐呀！天空不保護我們，大地也不保護我們！」

蝸牛媽媽安慰小蝸牛：「不要哭，孩子！我們不靠天，也不靠地，我們靠自己！」

在任何條件下，我們都不要把幸福寄託在他人身上，那樣會讓我們失望，會讓我們抱怨，會讓我們糾結，會讓我們永遠生活在痛苦之中。你想獲得幸福，卻不去做一件能讓自己幸福的事情，總是巴望著別人給自己幸福，那麼，如何才能等到自己想要的幸福呢？

記住，對你最好的人永遠是你自己。要獲得幸福，就要把所有的事情交給自己去做。要知道，一個人只有好好把握自己，才能真正強大起來，才能構造堅固的幸福堡壘。如果你不能把自己撐起，別人也不可能一直將你撐起，因為任何力量都無法勝過自己內心的強大。

# 愛對方，就要接受他的過去

戀愛或者婚姻中的男女，總愛糾結於愛人過去的戀情，當知道真相以後，又會變得暴跳如雷，即便那是很久以前的事情。可能很多人會覺得，這麼做，是因為太過在乎對方，可是，正是你的這份「獨特的愛」，才使你自己陷入苦悶中不能自拔，更讓這份感情搖搖欲墜。

劉傑和李娜是一對剛結婚的新人，他們的婚姻生活很幸福甜蜜。不料，這一切卻被一本日記打破了。

那一天，李娜和劉傑正收拾行李要去度蜜月，李娜從家中的櫃子發現劉傑的一本舊日記，李娜隨手翻了起來。原來那日記中記載著丈夫與以前戀人的一些甜蜜的事情。儘管日記只是中學時期的記錄，但是這令李娜不堪忍受，與劉傑大鬧了一番。

從此之後，李娜彷彿有了「王牌」，每每因為一些小事拿劉傑的這件事說嘴，甚至她在空閒之餘將日記反覆看了十幾遍，把每一個細節熟記在心，不管走到哪裡，都會回想丈夫以前有沒有和其他女人來過這裡，做了什麼事。

李娜自己也知道，這樣的行為不好，可是她始終無法控制自己，白天無心工作，晚上也睡不著覺。每天都被那本舊日記折磨得痛苦不堪，讓她渾身難受。

一個月後的一天，李娜又因為一件小事與丈夫吵了起來，其間又說到那本日記。終於，劉傑再也無法忍受了，他大聲地說道：「夠了，夠了！妳每天都活在十年前嗎？算了，咱們離婚吧！你就永遠活在那本日記裡吧！」說完，劉傑穿上上衣，走出家門，幾天也沒有回來。

一開始，李娜以為丈夫只是賭氣，早晚會回家的。可是一個星期過去了，她依舊沒有等到劉傑，心裡不由有些緊張了。她給劉傑打電話，聯繫其他朋友，可是依然沒有他的絲毫消息。

就在李娜手足無措時，突然接到派出所的電話：在劉傑離家出走那晚，他一個人來到河邊喝酒解悶，結果因為醉酒，不慎落入水中身亡。聽完這話，李娜癱倒在地上，沒想到自己的固執，卻給丈夫帶來了災難。

無論是誰，都有屬於自己的感情世界，這是任何人都無法抹去的事實。往事畢竟只是人生中的過往雲煙，你並不能回到過去阻止這一切。所以，想要與另一半牽手一生，那麼就應當懂得這樣一句話：愛對方，就要忘記對方的過去。

# 最精彩的莫過於簡約生活

最精彩的莫過於簡約生活！簡約的生活就是簡單、淡泊與寧靜的生活。李白有詩歌云：「花間一壺酒，對影成三人。」有淡泊與寧靜的意境。著名的「苦吟派」詩人賈島也有詩云：「鳥宿池邊樹，僧敲月下門。」在那寧靜中靜靜的敲門聲久久地回蕩更是平添了不盡的韻味。

在色彩斑斕的現代生活中，我們一定要記住一個真理，那就是活得簡單才能獲得心靈的自由。簡單是一種美，生活中，我們抱怨生活太過沉重，太過勞累，就是因為內心充斥了太多的欲念。

在海邊的一座簡陋房屋中，住著兩位老人，他們的生活因為簡約而快活。老頭子每天去海邊打些魚回來，放在家中的大木盆中。他們吃過飯以後，老頭子會陪著她看星星，聊聊家常，平靜之中有一種和諧的美。然而，這種和諧卻在不久之後，被一件事情打破了。

有一天，老頭子又外出打魚，打到一條會說話的小魚，小魚為了活命，就答應幫他實現三個願望。老頭子感到困惑，就把此事告訴了老太太，老太太為此十分高興。

老太婆在欲望中沉淪了，她開始苦苦思索，想了好久都想不出來自己要什麼。後來，她將自己孤立起來，想在孤獨中追尋，雖然她不知道自己在追尋什麼，但是她卻不能自拔了，她想完了豪宅，又想金屋，想完了金屋想當女王，想完了女王就又想著要去做那些小魚的掌管者，最終由於貪欲太多而失去所有。

哈佛大學畢業的亨利・梭羅，他不選擇經商或從政，而是選擇了住在華爾騰湖畔。他在湖畔搭起小木屋，一邊種地、一邊讀書寫作。他生命中有四十四年都過著寧靜和簡樸的生活，而這種生活恰恰是他最喜歡的。同樣地，作家約翰・海恩斯也早早遠離人群，在阿拉斯加的冰雪曠野中度過二十五年狩獵生活，他也在一種獨立自然、寧靜健康的生活中領悟世界、了解自己。

正如一位名人在書中所寫：「什麼都不做，當個無名小卒，那會是一種好生活。像陽光下一塊石頭那樣安靜，伐木、劈柴、生火取暖，將雪和冰融化成水，這一切，生活的追求，事物的追求，都是無窮無盡的。」任何人只有在寧靜之中，才能夠像秋水一般的清澈，精力也才能得到充分釋放，心志才能專一，寧靜而致遠。可以讓自己與自己對話，清除頭腦中紛雜的念頭，將平時所做的事情進行分析，把做對的事情和做錯的事情進行比較，明確自己今後應該怎樣去做，在寧靜中理清思路，堅定信念；在寧靜中反思校正人生路標，這也是每一個追求者都應該保持的一種人生境界。

安於淡泊，才能夠真正體味「寧靜致遠」的超然；不求聞達，才能夠真正懂得「寵辱不驚」、「去留無意」的灑脫。讓我們守住內心的那一份純淨，遠離塵囂，貼近自然，融入淡泊，以「容世間難容之事」的豁達，以寵辱不驚淡泊寧靜之態去對待世間百態，做一個不斷超越自己的人。

國家圖書館出版品預行編目資料

生活沒有那麼複雜，很多時候只是戲太多 / 牧原編著．——
初版——新北市：晶冠出版有限公司，2021.05
面；公分．——（智慧菁典系列；20）

ISBN 978-986-99458-9-9（平裝）

1.人生哲學 2.生活指導

191.9 110005001

智慧菁典 20

# 生活沒有那麼複雜，很多時候只是戲太多

作　　者　牧原
行政總編　方柏霖
副總編輯　林美玲
校　　對　謝函芳
封面設計　王心怡
出版發行　晶冠出版有限公司
電　　話　02-7731-5558
傳　　真　02-2245-1479
E-mail　ace.reading@gmail.com
部 落 格　http://acereading.pixnet.net/blog
總 代 理　旭昇圖書有限公司
電　　話　02-2245-1480（代表號）
傳　　真　02-2245-1479
郵政劃撥　12935041 旭昇圖書有限公司
地　　址　新北市中和區中山路二段352號2樓
E-mail　s1686688@ms31.hinet.net
旭昇悅讀網　http://ubooks.tw/
印　　製　福霖印刷有限公司
定　　價　新台幣360元
出版日期　2021年05月 初版一刷
ISBN-13　978-986-99458-9-9

※本書為改版書，
原書名為《人生淡定是一種大智慧》。